慈愛は単に与えてあなたが受け取ったことに、
拒否しなかったことに感謝を感じる。
——OSHO

# 慈善（チャリティ）はあなたと共に始まる

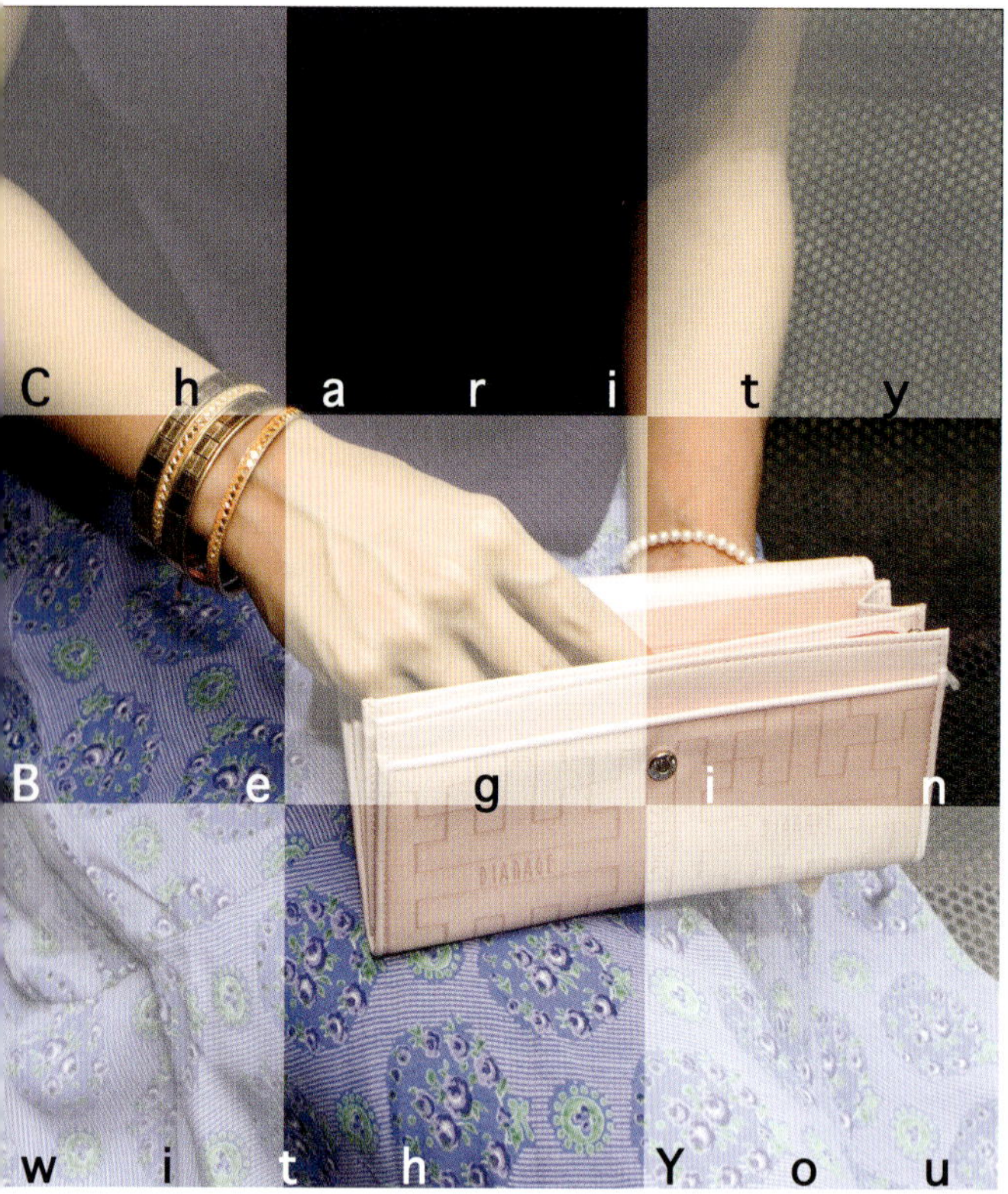


OSHOはカトリック教徒の慈善行為の考え方について述べています。貧しい人々のための援助、教育、そして医療援助――慈善行為に対するOSHOの洞察はどうでしょうか。

貧しい人々にいくらかの援助を与えることで、彼らは生存レベルでは生き延びられる。私はそれを慈善行為とは呼ばない。それは裕福な人々やより裕福になりたい人々のためだ。貧しい人々が生産し続けられるようにと彼らを生き延びさせるからだ。

私はこの点では全くカール・マルクスに賛成だ。宗教は貧しい人々にとって阿片の役割をしてきた。もし今の貧困に満足したままでいれば、未来には——死後にはより良い生活が待っているという希望で彼らを麻痺させてきた。

当然のごとく、裕福な人々は司祭や宣教師達の後援者となってきた。彼らは神のために偉大な教会や寺院を建設してきた。なぜならもし宗教が人々のマインドを説き伏せるなら、革命が起こる可能性はないということを見てきたからだ。今までずっとあなた方に説かれて来たのは単に慈善行為であり、その慈善行為は単に貧しく苦しんでいるすべての人々を自滅させている。それは富裕層への奉仕となってきたのであり、貧困層への奉仕ではない。

それは富裕層への奉仕と
なってきたのであり、
貧困層への奉仕ではない。

私はあなた方に愛を教える。そして愛は盲目ではない。愛は全構造を見ることができる——貧困はどうやって作り出されるのか、そして愛は革命をもたらすことができる。暴力によってではなく愛によってもたらされた革命、それが私にとっての慈善行為だ。

カトリック教徒の考え方では教育についても述べている。だが何の教育なのか。先進国ではほとんどすべての人が教育を受けている。しかし人を変容させてはこなかった。人は依然として惨めなままだ。彼は不安と苦悩の生を生きている。

教育は人々に平和や沈黙、至福をもたらしてはいない。そこには何かが欠けている。その教育の扱う科目では、あなたの精神的な存在には全く触れていない。それはあなたを医者に、技術者に、教授にするかもしれない。しかしあなたの内側にゴータマブッダを作り出せる洞察を与えはしない。

教育という言葉の本当の意味は引き出す、という意味だ。しかしいわゆる教育というものがしていることはすべて詰め込みだ。借り物の知識が、外側から純粋な子供達のマインドに詰め込まれている。

私の洞察では、教育は瞑想の別の形以外の何者でもない。教育の名のもとに一般的に行なわれているものはすべて二次的なものだ。最優先すべきは、瞑想だ——内なる教育だ。あなたが自分自身に出会わなければ、あなたの知識はすべて役に立たない。

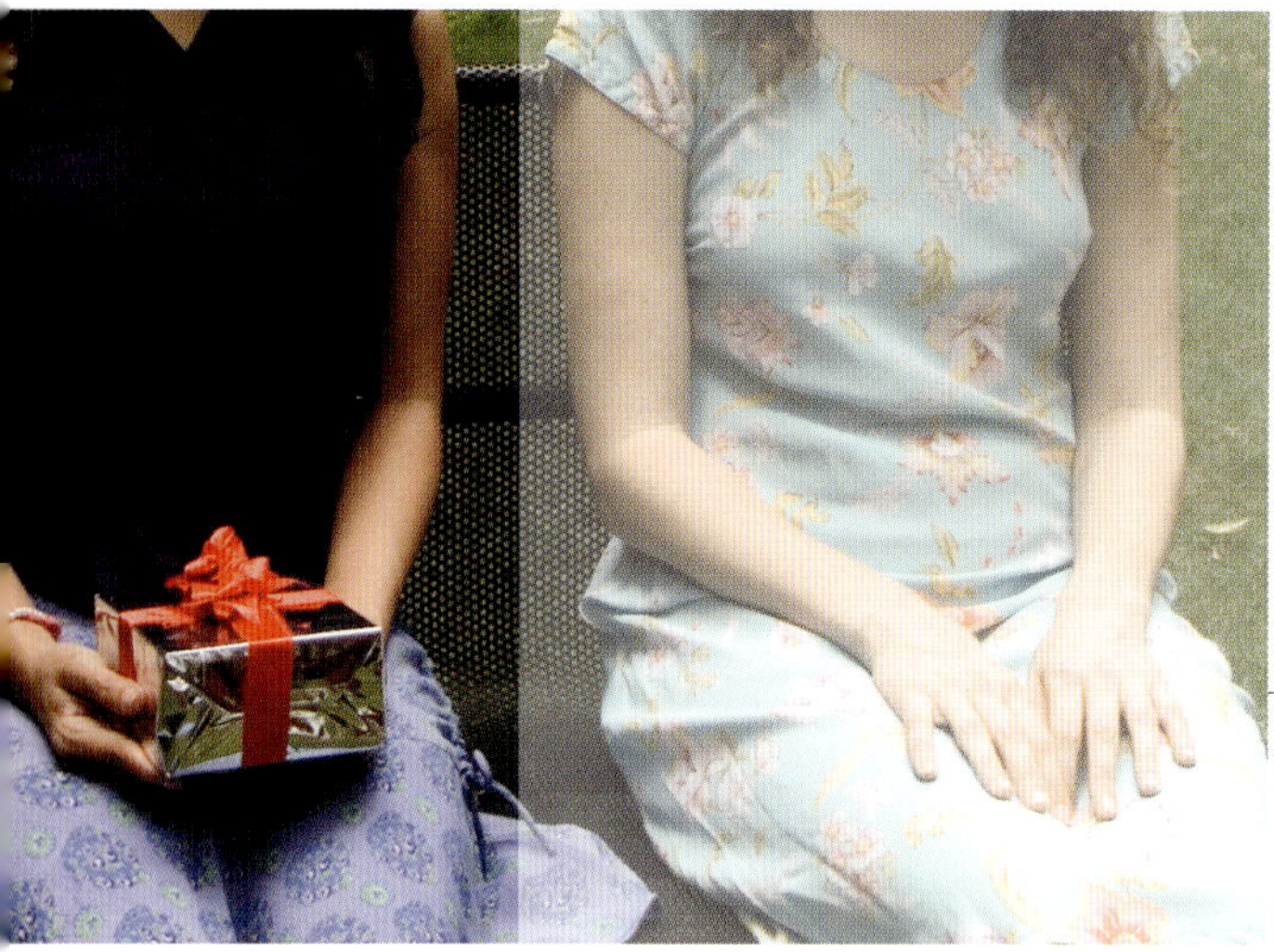

あなたが自分自身に出会わなければ、あなたの知識はすべて用をなさない。

そして三番目は医療援助だ。カトリック教徒の慈善行為には医療的援助の考え方がある。医療的援助に間違ったところは何もない。しかし、なぜそれほど病気が多いのだろう。医療的援助は良い。しかしそれはとても表面的だ。真の慈善家ならそんなにも多くの病気を引き起こす原因を見つけ出そうとするだろう。その原因は取り除くべきだ。それは取り除けるのだ！

真の慈善行為には、どうやって自分の身体を気遣うか、どうやって自分自身の身体に対してより愛情を注ぐかについて、人々がもっと学べるものがある。医療的援助は二次的なものだ。

◆*Osho, The Ribellious Spirit*

菩提達磨の述べたことは非常に重要だ。

彼は言う。「後悔することなく自分自身を手放すことは、もっとも偉大な慈善行為だ」。あなた自身を誰に対して手放すのか。それは宇宙に対してだ。

切り離された実体であってはならない。ただ存在の大海に落ちてそれとひとつになりなさい。これがもっとも偉大な慈善行為だ。それ以外に何を与えられるだろう。

あなたは空手でこの世界へやって来た。そして空手でこの世界を去っていくだろう。あなたが持っているものはなんであれあなたのものではない。あなたの家は仮の宿でしかない。あなたのお金はあなたのものではない。あなたはそれを利用しただけだ。あなたの土地はあなたのものではない。それはあなたが来る前から常にそこにあり、あなたが死んでもそこにあり続けるだろう。何があなたのものなのか。

唯一の慈善行為は、存在に
自分自身を与えることだ。
全体の一部となることだ。

あなたは自分のものしか与えることができない。あなたが与えられるのは自分の実存だけだ。それゆえ菩提達磨は全く正しい。唯一の慈善行為は後悔することなく——実際には偉大な喜びと歓喜を持って——存在に自分自身を与えることだ。全体の一部となることだ。

世界中の道徳家や清教徒は人々に教え続けている。「良い行ないをし、貧しい人に施しなさい。慈善活動をし、親切であることを学び、徳を積みなさい。禁欲して、所有欲を捨てなさい。あらゆる善い性質を実践しなければならない」

しかし菩提達磨は、私が生涯をかけて言い続けていることを言っている。それは実践することはできない。それらは結果としてやって来るものだ。あなたはただ自分自身の内側により気づきを作り出すことができる。するとそれらすべては自ら訪れるだろう。するとそこにはそれ自身の美しさがある。もし実践すると、それらはただの偽物になってしまう——あまり深くへは行かない。それはただのお面であり、あなた本来の顔を変えはしない。

これが道徳と真の宗教の全く違う点だ。道徳はあなたに表面的なことを教える。他人に良いことをし、良き隣人であり、紳士でありなさい。非暴力的で、慈悲深く、そして悪だと教えられたもの——残忍さ、怒り、強欲をすべて避けなさい。あなたはそうすることができる。何百万もの人がそうしている。そして彼らは世界のそこら中にいるあらゆる種類の愚か者達から深く尊敬されている。しかし、彼らの道徳観はうわべだけだ。ちょっと彼らを引っ掻いてみるだけで、突然あなたは彼らが実践したことをすべて忘れ、彼ら本来の野蛮な性質が正体を表すのがわかるだろう。

気づきがあなたの内側に表れない限り、あなたの道徳観はどれも偽物だ。

菩提達磨ははっきりとこう言っている。

「善きものにはすべてその根底に気づきがある。その気づきの根から、あらゆる徳と涅槃の果実の樹が成長する」。

彼は道徳家や清教徒やいわゆる良い人々、善を行なう人々をはるかに超越している。彼は問題のまさに根本に触れた。

気づきがあなたの内側に表れない限り、あなたの道徳観はどれも偽物だ。あなたの教養は、どれも誰にでも壊せるただの薄皮だ。しかしあなたの道徳観が特定の鍛錬からでなく、あなた自身の気づきから出たものならそれは全く違うものだ。そうすれば、あなたはどんな状況でもあなた自身の気づきから応答するだろう。何であれあなたのすることは善となるだろう。

気づきには悪いことは何もできない。それが気づきの究極の美しさだ。そこから出るものは何であれただ美しく、ただ正しく、どんな努力もどんな鍛錬も要らない。

より意識的でいなさい。あなたを通して起こることは何でもこの存在を美しく、より神聖に、より成熟させるだろう。

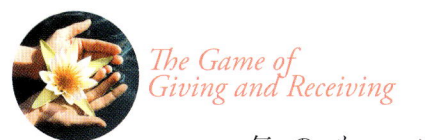

あなたの気づきはあなたに花をもたらすだけではない。何百万もの人々に芳香をもたらすだろう。気づきは神々しさへの金の鍵だ。

◆*Osho, Bodhidharma: The Greatest Zen Master*

気づきには悪いことは何もできない。それが気づきの究極の美しさだ。

自分がどれだけ放棄したかを記録する人々がいる。ある友人が私に会いにやって来た。彼の妻も一緒だった。この友人は慈善家で知られていた。彼の妻は言った。「私の夫はとても慈善的な人です。十万ルピーも寄付したんです」

即座にその夫は、妻の言葉に対して言い返した。「そうじゃない。百万ルピーだ」

これは慈善行為ではない。これは計算だ。これは取引きだ。一セントでさえ記録されている。もし彼が神に会ったなら彼は襟元を掴んでこう言うだろう。「私は百万ルピーも寄付しました。その見返りに何がいただけるのか教えてください」

経典に、もしあなたがこの世でひとつ与えたらあの世で百万倍を受け取るだろうとあるから、彼は与えたのだ。そんな取引きを誰が断るだろう。百万倍！　この興味深い交換率を聞いたかね。こんなビジネスを見たことがあるだろうか。ギャンブラーでさえ百万倍は手にしない。十万ルピーを寄付する。百万倍になって戻って来るだろうという希望のもとに……これはただの強欲の延長だ。

◆*Osho, The Mahageeta*

良い仕事、慈善行為、貧しい人々への援助、親切心、美徳——これらは実践することではない。結果としてやって来るものだ。あなたは内側により気づきをもたらすことしかできない。するとそれらは自然にやって来るだろう。

あなたから受け取る人々に、感謝を感じなさい。彼らの勇気と自信を見なさい——彼らは拒絶することもできた。彼らの慈愛を見なさい。彼らはちょうど雨を重く孕んだ雨雲のように、あなたが彼らの上に雨を降り注がせるのを許した。

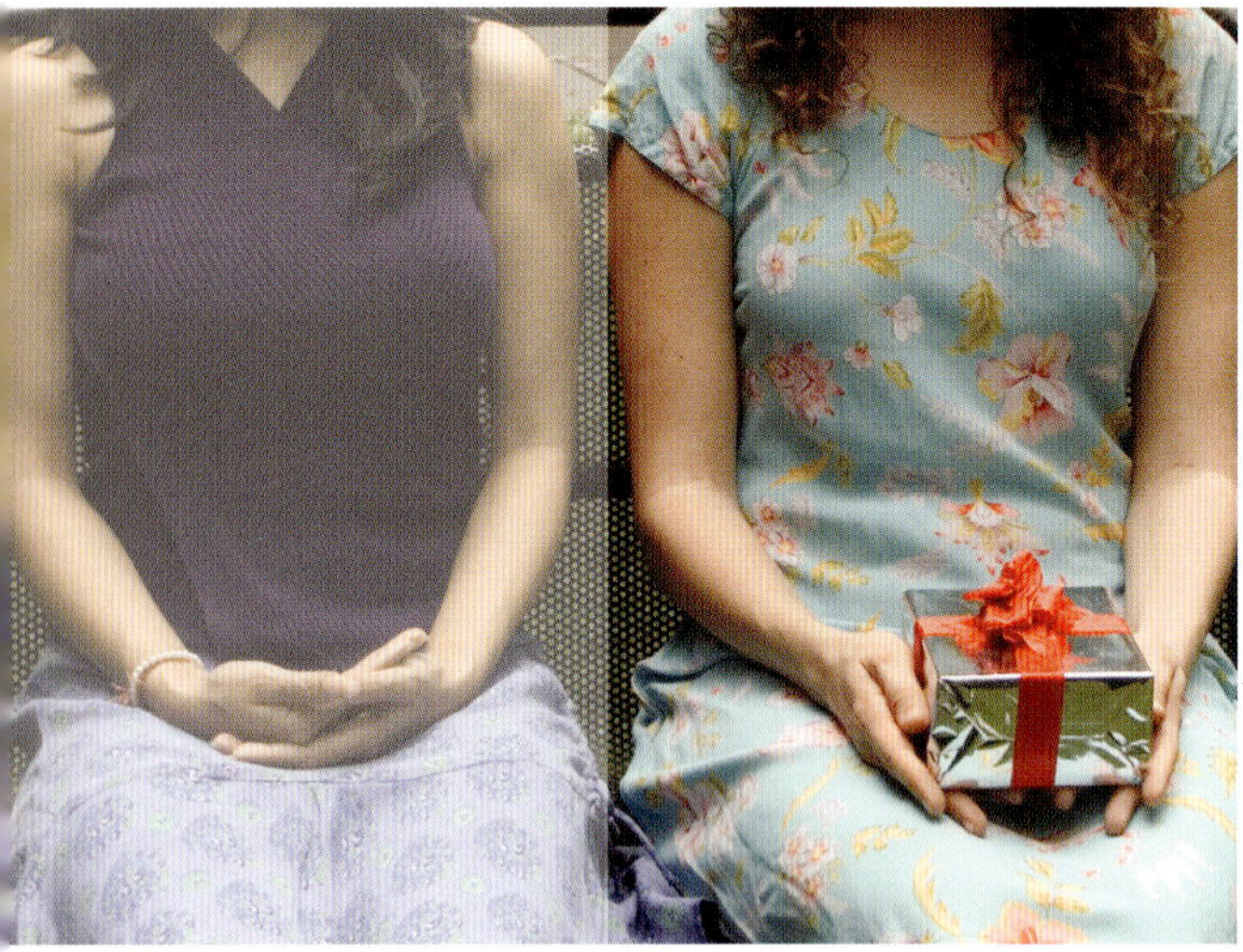

あなたから受け取る人々に
感謝を感じなさい。

雨水を孕んで重くなった雨雲は誰が受けるに値するのか探し回ると思うかね。バラモン階級の土地にはたくさん雨を降らせ、貧しいスードラ階級の土地には少ししか雨を降らせないと思うかね。それは関係ない。雨雲は喜びとともに受け取る渇いた大地に対して、ただ感謝している。そして緑の葉、かぐわしい花々のいたるところに喜びがやって来る。不意に突然、乾燥地はもう乾燥地ではなくなっている——瑞々しさと命に満ち溢れている。

渇いた土地は、慈善行為を行なった。雲を重荷から解放した。雲を自由にした——雲は今や風の吹くままに、もっと楽に動いて行くことができる。しかしどの宗教もそのことについては考えたことすら

なかった。実際宗教は、富裕層からのお金と権力に関わってきた。彼らは富裕層が寄付するよう、熱心に説得しようとしてきた……とても間接的な方法で。

慈愛に関する仏教の経典を読んで私は驚いた。あなた方が宗教的だと考えている人々のマインドが、いかに巧妙かということに。その言葉を仏陀自身が語ったとは私には思えない。経典は彼の死後に編纂されたからだ。

経典はまず慈愛の美しさ、慈愛の美徳、もしあなたが慈善行為をした場合に、あの世で得られる報いについて述べている。そして最後にはこう述べている。「しかし覚えておきなさい。受ける価値のある人々にのみ与えなさい」。そして誰が受ける価値のある人々なのかを定義している。その定義では仏教僧だけが値する、ということだ。

慈愛は単に与えてあなたが
受け取ったことに、
拒否しなかったことに感謝
を感じるのだ。

ヒンドゥー教やイスラム教やキリスト教でも同様だ。慈善寄付について、誰も本当に考えてはこなかった。なぜなら彼らは自分自身には関心はなく、お金にのみ関心があったからだ——どうやって手に入れるのか。どうやって人々が寄付するように仕向けるのか。彼らが寄付しているものは何でもいい商売になる。なぜなら、あの世でもっと多くを受け取ることができるからだということを、どうやって説得するのか。

これが慈愛だろうか。これは慈愛ではない。慈愛はどんな制約も押し付けない。慈愛は制約がないことを知っている。慈愛は単に与えてあなたが受け取ったことに、拒否しなかったことに感謝を感じるのだ。

◆ *Osho, The Messiah*

# 受容すること

# Take It In

OSHOによる中国の神秘家、老子への論評は、ものごとをそれと争ったり、抵抗したりせずに、受け入れるというのは、どういう意味なのかを明らかにしている。この技法は、武道の練習にも、雨の中を歩くときにも応用できる。

老子は言う、「自分は存在しないかのようであれ」と。

剣が空中を切っても空気が無傷なのは、剣に抵抗しないからだ。剣で水を切っても、剣はどこも切らない。剣が切るにしたがい、水はふたたび一つになる。水は抵抗しない。同様にあなたも抵抗しないことだ。

老子は言う、「水のようであれ、空気のようであれ」と。切ろうとする力を、やり過ごしなさい。もし抵抗しないなら、それが過ぎ去るやいなや、ふたたび一つになり、あなたは壊れていない。

だが争うなら、あなたは壊れるにちがいない。

私たちは意志の力を重要視しているが、老子の言明は正反対だ。意志の力を尊重するのは、私たちの人生の枠組みが、自我によって形作られており、野心に立脚しているからだ。

私たちは大急ぎでどこかに行き、どこかに到達し、何ごとかを成し遂げなくてはならない――富や名声や地位、身分などを。誰かから何かを奪い取り、その人が自分から何かを奪い取るのを防がなくてはならない。わたしたちの一生は、闘争そのものだ。

そもそも、ものの見方からして、受容ではなく、闘争の観点からなされている。もし受容したら、誰かに頭を下げるなら、それは恥であり屈辱であって大問題なのだ。

このような視点から人生を見ると、いずれは不健康になり、病気になると老子は言う。「自分は存在しないかのようであれ」。この言葉通り、自分は存在しないかのようにあるには、意志の力は必要としない。

日本における柔術あるいは柔道のすべての技は、老子のこの教説に基づいている。このことを理解しておいて損はない。

私があなたを殴るなら、その自然な反応は、それに対抗することだ。対抗策は二つあり、私の攻撃を防御するか、お返しに私を叩くか、どちらかだろう。たとえどちらもできなくても、あなたの体はなおも抵抗を試みる。筋肉は緊張してきて、衝撃が体内に及ぶのを防ぐ。あなたの体は緊張して堅くなり、まるで壁のようになって、打撃が中に入るのを妨げようとする。柔道の技はまさにこれと正反対だ。

柔道にまさる武術はどこにもない。たとえごくわずかであれ、この技を心得ている人は、単に戦わないというだけで、瞬く間に最強者を倒すことができる。

柔道の技によれば、「誰かがあなたを打とうとしたら、いつでもそれを受け入れなさい。それに協力し、決してそれと戦ってはならない」。そうすればあなたは、まるで柔らかい枕のようになる。

打撃に抵抗することと、打撃を受け入れること、この二つの違いを理解しなさい。あなたが打撃を受けたとしよう。それに協力し、受け入れなさい。どのような程度であれ、戦ってはならない。

すると柔道家は言う、「攻撃者の手が折れる」と。なぜなら、敵は自分の全力と意志の力を打撃の中に注入するが、あなたは相手に完全に任せ切っているからだ。それは例えるなら、あなたとわたしが綱引きをしていて、わたしが急に綱の先を離すようなもの。何が起こるだろうか？　あなたの方が倒れるのだ！

柔道の技では、戦ってはならないと説く。誰かに打たれたら、その人に協力しなさいと。相手をあなたの敵にしてはならない。自らの体の一部であるかのように見なしなさい。そうすれば攻撃者はすぐに疲れ果てる。相手は苦しむだろう。なぜなら打てば打つほどエネルギーを失うからだ。

あなたのエネルギーは損なわれない。そればかりでなく、柔道の術によると、敵の側からもたらされるエネルギーは、あなたに流入し、あなたはいっそう元気が沸いてくる。

柔道の師範は、自然には特有の規則と流儀があるという。もし打撃が自分に向かってきて、あなたがそれに抵抗すると、両方のエネルギーが争い、どちら側も破壊される。もし抵抗しなかったなら、エネルギーは相手か

らだけ流れ、あなたは中空の竹になるから、相手から発せられたエネルギーは内部に吸収される。攻撃者は動揺する。彼は攻撃を企てていた。あなたは企むことなく、それどころか攻撃を受け入れたからだ。

もし内面にこのような空洞が作られたなら、そこにはどのような攻撃に対してもいかなる抵抗もなく——なぜなら、内面には抵抗しようとする意志の力はまったくないから——この空洞はこの世に比肩するものとてないエネルギーを開放する。

老子は言う、「決意を欠いてあれ」と。これは決意なしであれ、内面が空洞であれという意味だ。ひとかどの人物であろうとしてはならない。柔道の師範は弟子たちに、攻撃をしかけるな、攻撃されるのを待てと言う。そして攻撃されたときに留意すべきは、攻撃を取り込

むことだけだと。誰かがあなたに悪態をつき、あなたがその悪態を受け入れたら、攻撃した人は拍子抜けしてしまう。やってみるがいい。悪態を、まるでそれが心づくしの贈り物であるかのように受け入れる人は——抑圧することなしに——みずからの身中にあまねく吸収する。彼は悪態をつく当人から流れ出る、エネルギーで満ちた深みとなり、さらにその分だけより強くなっている。

◆*Osho, The Way of Tao*

悪態を、まるでそれが
心づくしの贈り物であるか
のように受け入れる——

私は群衆や大衆、組織を望まない。私が望んでいるのは個人であり——彼らはとても純粋で偏見がないので、私の言わなくてはならないことを、それが何であっても、正しいか間違いかを判断することなく、受け入れることができるからだ。

これは人生においてもっとも重要な経験のひとつであって、何であれ正しくないことであれば、あなたの注意深さのもとで、消え失せ始める。あなたの注意深さや気づき、瞑想性は、ちょうど露に対する太陽の光線のように作用し、偽りであるもののすべては霧消する。あなたは何が正しくて何が間違っているかを決める必要はなく、間違いはひとりでに消えてゆき、残っているものが正しいのだ。これはまったく新しい生き方だといえよう。

◆*Osho, Misery to Enlightenment*

今ちょうど雨が降っている。あなたは家に帰るところだ。この状況は、合気道のやり方でも、普通のやり方でも受けとめることができる。普通のやり方であれば、あなたは自分の衣服が濡れるのでは、風邪をひくのでは、こんなことが、あんなことが、起こるのではないかと想像する。そして雨に対して反感をいだく。不機嫌で、反発心をいだいて、あなたは家に向かって疾走するだろう。こういうことはしょっちゅう起こっている。

さて、合気道のやり方を試してみよう。リラックスして、顔の表面に降りかかる雨のしずくを楽しみなさい。これは途方もなく楽しいことだ。とても気分が安らぎ、さっぱりしてさわやかだ。衣服が濡れたところで、どこが悪い？ なぜそんなことを気に病むのか？ 衣服は乾かせばよい。だがこの機会を逃すことはない。空が大地と出会っている。この機会を逃すことはない。これを楽しんで踊ろうではないか。

あわてたり、走ったりしてはならない。ゆったりと楽しむのだ。目を閉じて、まぶたの上にしずくが落ち、顔の上を流れるのを感じよう。その感触を感じよう。天からの贈り物として、それを受け入れよう。そうすればすぐに、そのすばらしさが分かるだろう。しかもあなたは雨降りを、このような視点から眺めたことはないのだ。

日常生活で出会うことにも、これを試してごらん。

◆*Osho, The Discipline of Transcendence*

# 色　の　魔　法

# 意識は瞑想が降り注ぐ時に多くの色で輝く

意識は瞑想が降り注ぐ時に多くの色で輝く。
このすべてとより多くのことが起こる。
最終的にはすべてのものが、
芳香、色彩、光、音楽などがなくなり、
内側の空間が空のように現れる。
性質がない虚空に、無形になる。
それを待ちなさい。それを切望しなさい。 ── Osho

# 人が全体と溶け合うのは<br>創造的な行為に<br>完全に熱中している<br>瞬間においてだけだ

どんな種類の芸術も祈りにならなければならず、
創造性は礼拝にならなければならない。
エゴが消え、時間が消え、空間が消えるのは
深い創造性の瞬間においてだけだ。
そして人が全体と溶け合うのは
創造的な行為に完全に熱中している瞬間においてだけだ。
創造的であることは恍惚的だ。 —— Osho

IMPRESSIONS

踊るために踊りなさい
芸術のために
芸術的でありなさい

エネルギーは体験を楽しむ。
まったくのエネルギーから創造的になりなさい。
絵を描き、詩を書き、音楽を作曲しなさい。
存在はエネルギーであり、
エネルギーは全く何の目的もなく踊ることを望んでいる。
踊るために踊りなさい、
芸術のために芸術的でありなさい、
愛のために愛しなさい……
存在のために存在しなさい。　——Osho

# 瞑想

チベット僧・アティーシャの経文より

## すべての現象は夢のようだ、と思うこと

もしすべてが夢ならば、あなたが目覚める時何が起こるのだろう。OSHO は、チベット仏教からの技法として、そのことを詳しく紹介しています。

さて、ワークが始まる。アティーシャはまるで種のように、非常に凝縮されている。経文とは単なる手がかり、ヒントだから、解読しなければならない。

### すべての現象は夢のようなものだ、と思うこと

現象とは、あなたが見るものすべて、あなたが体験することすべてだ。どんなものも、体験できるものはすべて現象だ。

覚えておきなさい。その対象は、世界に現われているものや夢においてだけではなく、意識上のものも含まれ

MEDITATION

Watch Your Dreams Disappearing

る。それは世界に現われる対象であるかもしれないし、単なるマインドに現われる対象であるかもしれない。それは偉大な、スピリチュアルな体験であるかもしれない。自分の中で、クンダリーニが上昇しているのがわかるかもしれない。それらもまた現象なのだ——たしかに美しい、とても甘い夢ではある。しかし、それが夢であるということでは、みんな同じだ。

あなたは、自己の存在を満たす偉大な光を見るかもしれない。しかし、その光もまた現象なのだ。あなたは、自己の内面で蓮の花が開くのがわかるかもしれない。また、自己の存在内部に生じる偉大な芳香を知るかもしれない。が、これらもまた現象なのだ。なぜならあなたは常に見る側の人であり、見られる側ではないからだ。あなたは常に体験する者であり、体験の対象ではない。常に観照者であり、観照の対象ではない。

観照可能なもの、認知できるもの、観察できるものはすべて現象だ。物理的現象、心理的現象、心霊的現象——これらはすべて同じものだ。どんな区別もする必要はない。覚えておくべき基本的な事は、目で捕らえられるものは夢である、ということだ。

### すべての現象は夢のようなものだ、と思うこと

これは、ものすごく力強いテクニックだ。次のように捉えて熟考してごらん。

もしあなたが街を歩いているとしたら、通り過ぎる人々はみんな夢なのだ、そう思って見てごらん。その店と店主、そして店を出入りする人々。これらすべては夢だ。家、バス、鉄道、飛行機、すべて夢だ。

あなたはすぐに、すごく重要なことが自己の内側で起こっていることに驚くだろう。

「すべては夢だ」と思う瞬間、突然閃光のように、ある事があなたの視野(ビジョン)に入ってくる――「私もまた夢なのだ」と。なぜなら、もし見ている対象が夢であるなら、この「私」は何だろう？　もし対象が夢であるなら、主体もまた夢だ。もし対象が偽物なら、どうして主体が本物であり得るだろう？　不可能だ。

あらゆるものを夢として見ていると、突然自己という存在から何かが、自己(エゴ)の観念がポロッと落ちるのに気づく。これがエゴを落とす唯一の、そして最も単純なやり方だ。ちょっとやってごらん――このやり方で瞑想してごらん。この方法で何度も何度も瞑想していると、ある日奇跡が起こる。覗き込んでみると、エゴはどこにも見当たらない。

エゴは副産物だ。あなたの見ているものは何であれ本物だ、という錯覚が生む副産物だ。もしあなたが「対象は本物だ」と思うならエゴは存在する。それは副産物だ。もしあなたが「対象は夢だ」と思うなら、エゴは消える。

そしてすべては夢なのだと絶え間なく思っているなら、ある夜、夢を見ているとあなたは驚く。突然あなたは、これも夢であることを思い出す！　その想起が起こったとたん、夢は消え去る。

するとあなたは初めて、自分自身が深い眠りに入っていながら、それでもなお目覚めているという体験――非常に逆説的だが、とても有益な体験をする。

ひとたび夢に気づくことで、夢が消えるということがわかったなら、あなたの意識の質に新しい色が加わる。

次の朝、あなたはそれまで一度も感じたことのない全く違う質をもって目覚める。あなたは初めて目覚める。あなたは今、それまでの朝は全くの偽物であったことを知る。あなたは、本当には目覚めていなかった。夢は続いていた

——その違いはあなたが、夜には目を閉じて夢を見、日中は目を開いて夢を見ていただけのことだ。

しかし覚醒が起こったことで、突然あなたが夢の中で覚醒したことで、夢が消えたのであれば——そして覚えておきなさい、覚醒と夢を見ることは、共存できないということを——一方では覚醒が生まれ、他方では夢は消え去る。

眠りの中で目覚めたら、次の朝は比較にならないほど、とても重要な朝となる。これまで一度も、そうしたものは起こらなかった。あなたの目は澄みきって透明になる。すべてがとてもサイケデリックに、実に色鮮やかに、非常に生き生きして見えるようになる。岩ですら呼吸しているかのように、脈打っているかのように、感じられるようになる。岩ですら鼓動を打つようになる。あなたが目覚める時、存在するものがその質を変える。

私たちは夢の中で生きている。私たちは眠っている。自分は目覚めている、と思う時でさえ——。

## すべての現象は夢のようなものだ、と思うこと

初めに、対象はその客観性を失う。二番目に、主体はその主観性を失う。そしてあなたに超越をもたらす。対象はもはや重要ではない。主体も重要ではない。すると何が残っている？　そこにあるのは、超越意識、ボーディチッタ——ただ観照すること、『我』と『汝』の観念はなく、在るものをただ映し出す、純粋な鏡だけだ。

そして神とは、その在るもの以外の何ものでもない。

◆*Osho, The Book of wisdom*

# あきらめること

## Give It Up

私たちはなぜみじめさを、まるでそれが所有するに値するかのように抱え込んでいるのだろうか？

何の見返りがあるのだろうか？

さて、どうしたらそれを手放すことができるだろう？

人はみじめさに執着する。それどころか、執着が人の習慣に、第二の天性になっている。自分の知っているものなら何であれ、たとえみじめさや苦悩であっても、それに執着するが、何も所有せずに孤独であるよりは、みじめである方がましなのだ。

確かにみじめさも慰めではある――少なくとも何かを持ってはいるわけだ。

人びとはわが身のみじめさを自慢し、それを誇張する。少し体の具合が悪いだけかもしれないが――偽って結核ではないかと主張する。それをできる限り大きく見せる。なぜなら彼らは普通の人間ではないのだから、ただの風邪や頭痛といった、軽い病気にかかることはできない――そういうのは、普通の人たちのものだ。彼らにはきわめて特殊な病気がある。どんなに些細な症状が出ても、彼らに言わせればそれはガンなのだ。

人びとはわが身のみじめさを自慢し、それを誇張する。

人は何でも自分の持ち物に執着し、それについて大騒ぎをする。それはただ特別でありたい、非凡でありたいという欲望にすぎず――まったく浅ましい欲望であり、まったく憐れむべき状態だ。こういう性癖があるから、あなたに注意を促さなくてはならない、「道の途上では、立ち止まってはならない」と。

なぜならあなたは何か些細なもの、たとえば小さな野の花を見つけ、それをゴータマ・ブッダの蓮の楽園を見つけたと、勘ちがいするだろうからだ。あなたはそこで立ち止まり、それに執着し、先に進まないだろう。人びとは常に駆り立てておかなくてはならない。信じがたいことではあっても、これが人間の厄介なところだ。

◆*Osho, The Rebel*

想像してごらん、ある天気の良い朝、あなたが目を覚ますと部屋に神が立っており、こう語っている場面を。「おまえのみじめさを、すべて取り去ってやろう」と。

あなたは自分のみじめさを、すべて手離す用意ができているだろうか？ そこで提案するだろう、「よく考えてみます、少し時間をいただけませんか。あまりにも突然なもので」と。

あなたはそれをすぐには手離せないだろう。なぜなら、どうやって生きていくのか？ これがあなたの人生の台本のすべて、あなたの筋立てであって、この筋立てがないと、とても空虚な感じがするだろう。しかも人びとは空虚であるよりは、みじめなままでいる方を好むものだ。

至福とは空虚のことだ。至福はあなたが空虚なときにのみ訪れる。至福は空虚という土壌にのみ花開く。さて、空虚の中で生きる用意ができている人が、どこにいようか？ 人びとはガラクタに囲まれて生活するのを好む。それは心地よく、あなたは豊かさを感じる——このガラクタも、あのガラクタも自分のもの、すべてが自分のものだ。その中に座っていれば、あなたは一国一城の主なのだ。

空虚だって？ 自分のものだと主張するものが何もないのだって？ すべてが空虚だと……あなたの心に大きな動揺が起こるだろう。このせいで、人びとは自分たちのみじめさを、「みじめさ」とは呼ばないのだ。

それをみじめさと呼べば、問題が生じてくる。そこで違う名前をつける。ある人は、「それは私のカルマです」と言い、ある人は、「そこには何かが隠されており、無意識の発する偉大なメッセージにちがいない」と言い、ある人は、「運命だ、宿命だ」と言う。ある人は、「それは

神の意志だ。しかも神は賢明であって、もし神が私にこういうことをなさるなら、何か理由があるにちがいない」と言う。

こういうのは、自分のみじめさを飾り立てるための釈明なのだ――それをほんの少し柔らかく、より上品に洗練されたものにするための。これらの釈明は慰めなのだ。自分の全人生が崩れ去ろうとしているのに、あなたは新しい言い訳をこしらえるのを止めない。自分の人生はまさに傷だらけだというのに、あなたはそれらの傷を美しい花々で覆い隠しつづける。

そんなことは止めなさい！　あるがままの傷をのぞき込みなさい――それらを飾り立ててはならない。本気で傷を取り除きたいと思うなら、決して飾り立ててはならない。直に、まっすぐに傷をのぞき込むのだ。それらは悪臭を放ち、膿があっておぞましく、醜悪だろう。だが、のぞき込むことが必要だ。そして傷をむき出しにしておくことだ！

むき出しにしておくことが、傷を確実に治癒させる方法のひとつなのだ。自分のみじめさを隠してはならない。そしてあなたが一度でも、自分のみじめさを捨てることができる前に、他にも学ばなくてはならないことが若干ある……。

第一に、あなたは新しいものとともに生きることを学ばなくてはならないだろう。そうして始めて、古いものを捨てることができる。第二に、あなたは空虚の中に生きることを学ばなくてはならないだろう。瞑想とは、まさにそういうことなのだ。そうして始めて、あなたは自分のガラクタを捨てることができる。そして三番目は、あなたはそのほのかな香りや、風味を味わうために、至福に満ちた人びとといっしょに暮らさなくてはならないだろう。

◆Osho, Take it Easy

Q

わたしはこれまで、非常に多くの教師に会いに行き、人生の喜びのすべてを断念しました。悟りを求めて断食し、禁欲を守り、夜も目を覚ましていました。ずいぶん苦しみましたが、それでも悟ることができません。わたしは何をすべきでしょうか？

苦しむのをやめることだ。あなたは苦しむのが好きで、マゾヒストのようだ。

そういうのはすべて、自分自身をいじめるための口実にすぎない。もう自分をいじめるのをやめなさい、あなたの苦痛こそが障害物になっている。生を祝うことのできる人だけが、悟りを得ている。苦しむことによって、どうして悟りが得られるだろうか？

苦しむことは病的であり、不健全であり、神経症的だ。それは自然なことではなく、醜悪なことだ。

しかし、これまでに説かれてきたのは、そのようなことだった。ひとつ覚えておくべきは、人類は常に病的な人たちに支配されてきたのであり、健全な人たちによってではないということだ。

その裏にはある理由がある。健全な人は楽しむことに大忙しで、わざわざ他人を支配しようとは思わないからだ。

不健全な人は楽しむことができず、その全精力を支配することに注ぎ込む。歌を歌うことができる人、ダンスを踊ることができる人なら、みずから歌い、みずから踊っている——彼は星空の下で生を祝う。

だが、踊ることのできない人、手足が不自由な、麻痺している人は、その場の隅に横になって、いかにして他人を支配するか策略を立てる。彼は狡猾になる。創造することのできる人なら、創造する。いっぽう創造することのできない人が、破壊するのだ——それでも彼は世間に示さなくてはならない、「我ここにあり」と。

病んだ人たち、不健康な人たち、醜く、そして才能なく、非創造的で凡庸で愚かな人たち——彼らはみな人びとを支配することが、実に巧妙だ。彼らは支配するための手段を求めて、政治家になり、聖職者になる。だから当然、自分たちにできないことは、他の誰にも、することを許さない。彼らはすべての喜びに反対する。

この背後にある論法を考えてごらん。もし自分たちが楽しめないなら、少なくとも人が楽しむのを台無しにすることはできる。

すべての無能な人間たちが寄り集まり、みんなで知恵を出し合えば、偉大な道徳を創りだし、あらゆることを非難できる。しかも理屈の上からは、ありとあらゆることについて、非難はできるのであって——人はただ否定的なことを探せば、それは見つかるはずだ。否定的なことは、あらゆる肯定性の一部でもあるからだ。

あなたが愛するとき、同時にその人を憎んでもいる。無気力で愛することができない人は、いつも否定的なことを思いつき、否定的なことを誇張し、いつもあなたに言うことができる、「いいかね、もしあなたが愛しているなら、いずれ苦しむだろう。あなたは罠にはまっており、いずれみじめな思いをするだろう」と。そして予想どおり、憎しみの瞬間が訪れ、あなたがみじめな思いをするとき、彼のことを思い出すだろう——やっぱり正しかったと。

しかもこういうことは必ずやって来る。健康を意識するより病気の方が意識しやすいのが、自然な傾向だ。健康な時には、あなたは自分の体のことを忘れがちだ。だが頭痛がする時やどこかが痛い時、お腹のどこかが痛い時には、自分の体のことを忘れることはできない——それはそこにあり、特に目立って断固としてそこにあり、あなたの扉をたたいて注意を要求する。

恋をして幸せな時には、あなたは忘れがちだ。だがけんかをしたり憎んだり、怒ったりした時には、それを誇張してとらえがちだ。

　すると例の無能な人間たち——つまり道徳家や聖職者、政治家たちはいっせいに大声で叫ぶ。

「そらごらん！　私たちは、こうなる前に言っていたのに君は耳を貸さなかったではないか。愛を捨てなさい！　愛すればみじめになるだけだ」と。あれを捨てよ、これを捨てよ——人生を捨てよ！　もしこのようなことが、絶えず繰り返されるなら、その強い影響力によって、人びとは催眠術にかかるようになる。

ずっと断食していた、禁欲していたと、あなたは言う。断食が悟りと何の関係があるのだろう？　禁欲が悟りと何の関係があるのだろう？　無関係だ。あなたがしてきたことは、すべて——「悟りを求めて、私は幾夜もずっと目を覚まして……」。昼間には、悟りが求められないのだろうか？　夜に起きている必要がどこにある？　自然に逆らう必要がどこにある？

　悟りは自然に反したものではない。それは自然の成就であり、自然の最高潮であり、絶頂なのだ。それは自然そのものだ。自然とともにあることによって、あなたはそこに到達する——反対者であることによってではない。それは流れに抗して進むことではなく、流れに身を任せることによってだ。川はすでに海に向かって流れており、あなたはそれに逆らって泳ぎ始める必要はない。ところが、あなたがしてきたのが、まさにこれなのだ。

　さて、あなたはたずねている、「私は何をすべきでしょ

うか？」と。苦痛への執着を断つことだ。あなたは悟りを求めているのではなく、苦痛を求めているのであって――悟りは口実にすぎない。

生を愛し、もっと幸せでありなさい。可能性があるのはあなたが真に幸せな時だけで、さもなければ無理だ――なぜなら、みじめさはあなたを閉じさせ、至福はあなたを開かせるからだ。自分の人生で、これを観察したことはないのかね？

みじめなときにはいつでも、あなたは閉じてきて固い殻に覆われてしまう。自分を守り始め、強固な鎧で覆ってしまう――なぜならあなたには分かっているからだ。自分がすでに持て余すほどの苦痛を抱えており、どのようなものであれ、これ以上の心の傷を抱える余裕はないということが。みじめな人びとは、いつも固くなり、柔軟さを失って岩のようになる。

幸せな人とは一輪の花であり――至福に満たされているので、彼は全世界を祝福することができる。至福に満たされているので、開放的であるための心のゆとりを持つことができる。彼には何も恐れるものはない。すべてはまったく申し分なく、まったく友好的であって、存在全体が彼の面倒を見ているというのに――恐れる必要がどこにあろう？　彼は開け放つことができる。存在を迎え入れるための、主人役になることができる。この瞬間にのみ、神性はあなたに入り込む。この瞬間にのみ、光があなたを貫き、そしてあなたは悟りを得る。

◆*Osho, The Revolution*

悟りは自然に反したものではない。
それは自然の成就であり、自然の最高潮であり、絶頂なのだ。

瞑想の最も基礎的なこと、
最も土台になることは、
期待を捨てなければならない
ということだ。

# 瞑想の贈り物

The Gift of Meditation

日常的に瞑想していると何が起きるのでしょうか？
それは、成功、健康、幸せ、より良い仕事、もっと
高級な自動車をもたらすのでしょうか？
もしかして、あなたはもっと精神的なものをさがし
ているのでは？
至福、内なる平安、無執着とか？

期待というものは、すべて馬鹿げている。もし瞑想に何かを期待するのなら、それは完全に馬鹿げたものになる。瞑想の最も基礎的なこと、最も土台になることは、期待を捨てるということだ。さもなければ、瞑想は決して始まることはない。

期待はあなたのマインドに思考を回し続けさせる。期待はあなたを緊張させ続ける。期待は、それがかなわないとあなたを失望させ、惨めにする。期待を捨て、瞑想を花開かせなさい。それは期待していないときにしか、花開くことはない。

期待しながら瞑想するぐらいなら、瞑想しないほうがまだましだ。少なくとも失望はしないだろうから。だが、もし瞑想しようと決めたなら、これだけははっきりさせなさい。瞑想は何も保証してくれないということを。

それは瞑想から何も起こらないという意味ではない。何かが起こるのだが、起こるという保証はないということだ。途方もない可能性が開けるが、それを期待してはならない。期待すると扉は閉ざされたままだろう。期待はあなたの道をふさいでしまう。

期待は、非常に危険だ。期待があると、何かが起こったとしても、あなたは満たされた気がしないだろう。期待とは、ほとんど狂気だからだ。あなたは、「もっと、もっと」と期待するようになる。期待を持って始めると、何が起こっても幸せには感じない。

期待を捨てなさい。それは瞑想に持ち込むべきではない。捨てればたちどころに何かが起こり始めるだろう。

ただ瞑想しなさい。それを本質的に楽しみなさい。結果などさがす必要はない。起こるにまかせなさい。未来をひとりでに来させなさい。瞑想に目標などを定めないことだ。楽しみなさい。祝いなさい。ときめきなさい。

瞑想の行為そのものは大きな喜びだ。踊れるだけ、歌えるだけ、座れるだけ、呼吸できるだけ、在るだけで充分だ。それ以外は何も求めないことだ。求めることであなたの存在が堕落してしまう。

ただそれが入ってくるのにまかせなさい。道をふさがないように。あなた自身を、あなたの道からどけなさい。そして期待を持たず、欲望を持たず希望を持たず、ただ瞑想しなさい。深い無欲の境地で、あなたは至福に満たされるだろう。

◆*Osho, The Beloved*

瞑想とはただ未知のものを待つこと、不可解なものを待つこと、予測不能なものを待つことだ。待つことが純粋であればあるほど、より多くの恩寵が現れてくるだろう。急がず望まず、期待せずにただ待てば、無数のことが起こる。

実際、瞑想者に起こることはあまりにも大きいので、あなたは理解することも、空想することもできない。それはマインドの理解の範疇を超えている。

ただ待ち、物事が起こるにまかせなさい。あなたに従ってではなく、存在自体に従うことだ。存在はあなたに従うものではない。あなたが存在にチューニングしなければならない。あなたが存在に従うことだ。

瞑想する人としない人の違いはこれだけだ。

瞑想しない人は、常に存在を彼の考えに合わせようとする。そうすると当然、惨めな状態に陥る。存在は大きすぎて、あなたの考えに、あなたの祈りに、あなたの期待に、あなたの要求になど従うことはできない。

「計画は人にあり、決裁は神にあり」という諺は当を得ているが、決裁する神はどこにもいない。実際、あなたが「計画」した時点で「決裁」しているのだ。あなたは成功を望むあまり、自分で失敗を作り出している。

期待すること、望むことなどどこにもない。ただ待つだけで、存在はあなたの上に花を雨あられのように降らせてくれるだろう。期待なしでただ待つだけの人生。それが私の知る唯一の宗教的な生だ。

存在は情けが深く、気前が良いものだ。しかしそれは要求しない者に対してだけだ。望まないことはすべての大いなるハプニングの出発点だ。

ただ信頼して待ちなさい。そうすれば、存在の持つすべてがあなたの前で明らかにされるだろう。

何も求めないほうがいいだろう。でないと不満を持ち続けることになる。求めるな、さらば満たされん……。ただ静かに信頼して待ちなさい。奇跡は常に瞑想者に起こる。最大の奇跡は、自己の神秘の啓示なのだ。

◆*Osho, The Invitation*

多くの人々が瞑想を始めるとき私のもとにやって来る。最初は突然の閃光がある。最初だけだ。ある経験を知ってしまうと、ある一瞥を知ってしまうと、すべては止まってしまう。

そして嘆きながら、泣きながら、私のもとに来る。彼らは言う。

「いったいどうしてしまったのですか？　何かが起こっていたのです。なにかが起きそうだったのに。すべて止まってしまいました。一生懸命やっているのに、何も起きません」

私は彼らに言う。「最初にそれが起こったのは、あなたが何も期待していなかったからだ。いま、あなたは期待するようになってしまった。それで全部変わってしまったのだ。あの重力のないような感覚を、未知のものに満たされる感覚を、死んだような生活から連れ出されるような感覚を、恍惚の瞬間の感覚を、あなたは最初におぼえた。そんなことはそれまでなかっただろう。それがあなたに訪れたのは初めてだったね。気づかすにあなたは体験していたのだ。それが事の次第だ」

「いま、あなたは状況を変えてしまった。毎日、座って瞑想するとき、あなたは期待している。いま、あなたは狡猾になり、小利口になり、打算的になってしまった。

最初に一瞥を見たとき、あなたは無垢だった、まるで子供のように。あなたは瞑想と戯れていた。期待など何もなしにね。そして、それが起こった。それはまた起こるだろう。しかしそのためには、また無垢にならねばならない」

「さて、あなたのマインドは惨めさをもたらしている。もしあなたが『あの体験を何度もしたいんだ』と言い張り続けたら、あなたはそれを永遠に失ってしまうだろう。あなたがそれを完全に忘れない限りは。それには何年もかかるかも知れない。あなたの過去のあるとき、そういったハプニングがあったということに、完全に無頓着になりなさい。そうすれば、可能性がまた開けるだろう」

すべてを破壊しなさい。あなたの手に入るものは、何であれただちに破壊しなさい。これを私は狂気と呼ぶ。

そして忘れないでほしい。人生はあなたに要求しない多くの贈り物を与えてくれる。その贈り物はすべて成長していく。人生は決して死んだものをあなたに与えたりしない。

あなたに瞑想が起こったら、ただ神に感謝して忘れてしまいなさい。ただ感謝しなさい。良く覚えておきなさい。それは贈り物であったことを。神の恩恵であったことを。忘れてしまいなさい。期待してはいけない。要求してはいけない。それは次の日にまた訪れるだろう。より深くより高く、より大きく。しかし毎日それをマインドから捨てなさい。

◆*Osho, The Path of Yoga*

疑似（えせ）マスターはあなたの欲望の言葉を使って語りかけてくる。「瞑想すれば金持ちになりますよ、成功しますよ」などと彼らは言う。これは完全に馬鹿げた言葉だ。

マハリシ・マヘーシュ・ヨーギーは言った。「瞑想すれば健康になり、金持ちになり、成功者になり、有名人になるでしょう。あなたがやっていることが何であれ、それの第一人者になるでしょう」

あなたはそれを望んでいた。だからあなたは、「オーケー。それなら瞑想することなんてたかが知れてるな。朝に十五分、夜に十五分……」と言うだろう。たったの三十分使うだけで、すべての成功はあなたのものだ。これは成功への最も上出来な方程式ではないだろうか。そしてあなたは成功したい。あなたは無数の欲望を満たしたい。

そして、「欲しいものは何でも瞑想を通して手に入れられますよ。お金が流れ込んできますよ。深い瞑想のなかで願ってみなさい。そうすれば実現しますよ」などと言うマスターがいる。これはあなたの欲望の言葉なのだ。真実は正反対だ。

私に言わせると、本当に瞑想したら、あなたは人生の落伍者になるだろう。完全な落伍者だ。もし成功しているところだったら、その成功は消え失せるだろう。なぜなら瞑想はあなたのことを、成功なんてどうでも良くなるほど寛がせて、非暴力的にして、慈愛に溢れ、非競争的にして非利己的にしてくれるからだ。明日のことなどどうでも良くなるほど喜びにあふれさせてくれるからだ。誰が明日のために今日を代償に払ったりしたいだろうか？

もちろん瞑想はあなたのことを内的に金持ちにしてくれるだろう。内

的に恍惚状態にしてくれるだろう。しかし、外的には金持ちになったり、成功したり、健康になったり、病気を寄せつけなかったりするような保証はできない。それは完全な戯言だ。

ラマナ・マハリシは癌で死んだ。ラーマクリシュナは癌で死んだ。彼らより偉大な瞑想者が思いつくだろうか？

クリシュナムルティは多くの病気で苦しんでいる。ひどい頭痛に二十年近くも悩まされている。あまりにも頭痛がひどいので、壁に自分の頭を叩きつけたくなることもあるそうだ。彼より偉大な瞑想者を思いつくだろうか？　現在生きているなかで彼より偉大なブッダはいるかね？　クリシュナムルティが頭痛に悩み、ラマナ・マハリシが癌で死に、ラーマクリシュナ

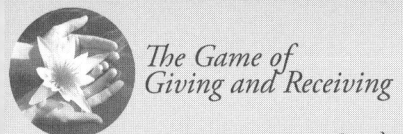

が癌で死んだのなら、瞑想があなたに健康をもたらしてくれると思うかね？

確かにある意味で、瞑想はあなたのことをより健康にし、より完全にしてくれるだろう。

しかし、それはあくまで内的な意味においてのことだ。深い奥底であなたは完全になるだろう。深い奥底であなたは、精神的健康を得るだろう。

癌で死ぬときラマナの目は歓喜で溢れていた。彼は笑いながら死んでいった。本当の健康とはこういうものだ。肉体の苦痛のなかで、彼はまさしく観照者だった。これが瞑想なのだ。

◆*Osho, The Dhammapada: The Way of Buddha*

期待すること、望むことなどどこにもない。
ただ待つだけで、存在はあなたの上に
花を雨あられのように降らせてくれるだろう。
期待なしでただ待つだけの人生。
それが私の知る唯一の宗教的な生だ。

このアシュラムで瞑想してきた女性は言う。「たった今、受容的でいることは私にとって死ぬように感じる、という一瞥を持ち始めたばかりで、自動的に内側のすべてのものは非常態勢を取り続けています！　存在はとても巨大に見えます」

# 私と、私の言い訳

Me and My Excuses

ほとんど誰もが、自分は受け入れるとは何かを知っている、と思っている。ちょうどあなたが、愛を与えない限り与えるとは何かがわからないように、同じ事が受け入れることについても言える。あなたが愛を受け入れられない限り、受け入れるとは何かがわからない。あなたは愛されたいのだが、愛を受け入れられるだろうか？ということは考えてこなかった。愛を受け入れられない実に多くの障害がある。

まず、あなたは自分自身を全く尊敬していない。そのため愛があなたに訪れても、あなたは自分自身が愛を受け入れるに充分ふさわしいとは感じない。あなたは大変な混乱状態にいるので、これまであるがままの自分を受け入れたことがない、あなたは自分自身を決して愛さなかった、という単純な事実を見ることさえできない。どうやって他の誰かの愛を受け入れられるだろう？

あなたは自分が愛にふさわしくないことを知っているが、自分はふさわしくない、というこのあなたに与えられた馬鹿げた考えを受け入れて認めたくない。ではどうする？　あなたはただ単に愛を拒絶する。そして愛を拒絶するために言い訳を見つけなければならない。

最初にあって最も際立つ言い訳は、「それは愛ではない。だから私は受け入れられない」だ。

誰かがあなたを愛せることが、あなたには信じられない。あなた自身があなたを愛せないなら、あなたがあなた自身を、あなたの美しさ、優雅さ、そしてあなたの雄大さを見ないなら、誰かが「あなたは美しい。私はあなたの目に深みを、底知れない深みを、途方もない優美さを見ることができる。私はあなたのハートに、宇宙と同調するリズムを見ることができる」と言う時に、どうやって信じられるだろう？

あなたは全て信じることができない。それは手に余る。あなたは非難されることに慣れている。罰せられることに慣れている。拒絶されることに慣れている。あるがままのあなたを受け入れないことに慣れている。これらの事をあなたは非常に簡単に扱う。

あなたはそれを受け入れる前に、大きな変化を通り抜けなければならない。まずはどんな罪の意識もなしに、あなた自身を受け入れることだ。あなたはキリスト教や他の宗教があなたに教え続けるような罪人ではない。

愛はあなたに、途方もない影響を及ぼすだろう。それはあなたがそれを受け入れる前に、大きな変化を通り抜けなければならないからだ。

まずはどんな罪の意識もなしに、自分自身を受け入れることだ。あなたはキリスト教や他の宗教があなたに教え続けるような罪人ではない。

あなたは、物事全体の馬鹿馬鹿しさを見ていない。遠い過去にいたあるやつが、一人のアダムが、神の言うことを聞かなかった。それは大した罪ではない。実際に彼が神の言うことを聞かなかったのは絶対に正しかった。もし誰かが罪を犯したのなら、それは自分の息子と娘が知識の実を食べることと永遠の生命の実を食べることを禁じた神だった。どういう父だろう？　どういう神だろう？　どういう愛だろう？

だが東洋の概念は、より以上に危険で有害だ。あなたが抱えているものはあなた自身の罪であって、アダムとイヴの罪ではない。それは小さな量ではない。それはそれぞれの生で成長してきた！　あなたはこの生より前に無数の生を生きてきて、それぞれの生でとても多くの罪を犯した。それらはすべてあなたの箱に蓄積されている。その重荷はヒマラヤ的だ。あなたはそれの下で押し潰されている。

これはあなたの尊厳を壊すための、あなたを人間以下の存在に陥れるための奇妙な策略だ。どうしたら、あなたは自分自身を愛せるだろう？　憎むことはできるが愛することはできない。どうしたら、ある人はあなたを愛せるかもしれないと思えるだろう？　それを拒絶する方がましだ。遅かれ早かれあなたを愛したいと思う人は、彼の愛はあなたの現実を発見することになるからだ。非常に醜い、まさに長い長い罪の重荷という現実を。

それから、その人はあなたを拒絶するようになる。拒絶を避けるためには愛を拒絶するほうがいい。だから人々は愛を受け入れないのだ。

あなたはそれを切望している。あなたはそれを切望している。だがある瞬間が来て、ある人が愛をあなたに降り注ぐ用意ができている時、あなたはしりごみする。しりごみすることには深い心理作用がある。あなたは恐れている。これは素晴らしいが、どれだけ長くそれは長持ちするだろう？　遅かれ早かれ私の現実は暴露されるだろう。それはまさに最初から警戒していたほうがいい。

愛は親密さを意味する。愛は二人の人物がより近くに来ていることを意味する。愛は身体は二つだが魂は一つであることを意味する。あなたは恐れている。自分の魂は、罪人の魂は数多くの生の悪行という重荷を負っているのだろうか？と。いや、それならそれを隠すほうがいい。あなたを愛したい人があなたを拒絶するような場面には入らないほうがましだ。それは愛を受け入れることをあなたに許さない拒絶という恐れだ。あなたは愛を与えられない。それは誰もこれまであなたに、あなたは愛する存在として生まれる、と言ってこなかったからだ。

彼らはあなたに「あなたは罪を持って生まれる」と言ってきた。あなたは愛することができないし、愛を受け入れることもできない。これはあなたの成長の全ての可能性を減少してきた。

「受容的でいることは私にとって死ぬように感じる」あなたはそれについて考えたことがあるだろうか？　それは本当だ。受容的でいることが死ぬように感じるのは、受容的でいることが屈辱のように思えるからだ。何かを、とりわけ愛を受け入れることは、あなたは乞食だという意味になる。誰も受け入れ側でいたくないのは、それがあなたを与える人よりも下にさせるからだ。

各世代はその病気を新しい世代に与え続ける。そして当然新しい世代はますます多くの重荷を負うようになる。あなたは歴史全体の全ての迷信的な、抑圧的な概念の相続人だ。あなたの条件付けは非常態勢を取り続ける。
そしてあなたの最後の文はまさにその合理性を見つけるための努力だ。それは誰もが気づかなければならない大きな危険事の一つでもある。

合理化してはいけない。全ての問題のまさに根幹に行きなさい。だが言い訳を見つけてはいけない。なぜなら言い訳を見つけるならあなたはそれらの根幹に移動することができないからだ。
今あなたは、自分が受け入れるのを恐れているのは存在がとても巨大だからだ、と思っている。あなたの小さな愛を与えることに何の意味があるだろう？　ちょうど露のしずくを大洋に与えるように。大洋はそれを決して知らないだろう。そのため与えることには何の意味もないし、受け入れることにも何の意味もない。大洋はとても巨大だから、あなたはその中で溺れるだろう。そのためそれは死のように見えるのだ。だがこれはあなたの合理化だ。

あなたは存在について何も知らない。あなたはあなた自身について何も知らない。それはあなたにとって最も近い存在の地点だ。あなた自身の存在から始めない限り、あなたは決して存在を知らないだろう。それがスタート地点であり、すべてのものはまさに始まりから始めなければならない。
あなた自身を知ることで、あなたは自分の存在を知るだろう。だがあなたの存在の風味と芳香はあなたに他の存在へより深く入るための勇気を与えるだろう。あなた自身の

存在があなたをとてもこの上なく幸せにさせるなら、あなたを取り囲んでいる他の神秘——人間の神秘、動物の神秘、木の神秘、星の神秘——の中に入ることは自然な憧れだ。そしていったんあなたが自分の存在を知ったなら、あなたはもはや死を恐れない。

自分自身を知ったこれらの人々は、自分が永遠の存在であることをどんな疑いもなく知る。

彼らは何度も死んできて、それでも彼らは生きている。死と誕生は、魂の大きな巡礼の旅の中のほんの小さな挿話にすぎない。あなたの死の恐れは、あなたがあなた自身と接触する瞬間に、すぐさま消えるだろう。

そして完全に新しい空が探究されるために開かれる。いったんあなたが死は全くないことを知るなら、全ての恐れは消える。未知の恐れや闇の恐れ……その外観が何であろうと、全ての恐れは消える。

あなたは初めて真の冒険家であり始める。あなたは自分を取り囲んでいる異なる神秘の中に入り始める。

初めて、存在はあなたの我が家になる。

あなたの質問は全ての瞑想者たちの役に立つだろう。

私はあなたの質問とあなた自身を顕わにした勇気に感謝する。この勇気は全ての人に必要だ。この勇気なしでは、新しい世界へと、新しい意識へと、あなたの真正な存在へと変化するどんな可能性も、期待できない。それは究極の現実と究極の祝福への扉になるものだ。

◆*Osho, Satyam Shivam Sundram*

あなたが愛を得たいという意図的な願望で、ある人に近づく時、彼はしりごみする。彼はあなたの搾取を恐れる。彼は罠にかかりたくない。彼は何であれ、どんな方法でも利用されたくない。だから彼はしりごみし始めて、彼が引き下がれば引き下がるほどあなたは飛びつく。それはあなたが自分の餌食を失っているのがわかるからだ。あなたがその人を追い求めれば追い求めるほど彼は逃げるだろう。

あなたが愛を与えに行く時、完全に異なる反応が生じる。その人はあなたへの愛を感じる。それはあなたが搾取するために来ていないからだ。あなたは分かち合うために、与えるために来る。そして彼が受け入れるならあなたはありがたく感じるだろう。そして彼が受け入れなくても、あなたは拒否されたと感じないだろう。なぜなら受け入れようと受け入れまいと、それは彼の自由だからだ。

今日までこれがあなたの問題だった。あなたは人々から愛を得ることを渇望していて、人々が拒否するため彼らを恐れている。あなたが愛を渇望しているなら、どうやってそれを得るのだろう？ あなたは拒否されようとしている。あなたは自分自身で拒否を作り出している。これを変えなさい！ 与えに行きなさい。そしてお返しに何かを得ることについては忘れなさい。

それは生じる。千倍もそれは生じる。その時その生じるものは美しい。それはあなたがそれを期待してさえいなかったからだ。その時それは大きな喜びに、驚くべきものになる。

いったんあなたが与えることのアートを学んだら、抑えきれないほど多くの愛を得るだろう。

◆*Osho, God's Got a Thing About You*

## どのようにしてトータルでいるのか？どのようにしてすべてを与えるのか？

それはすべてを与えるという問題ではない。むしろ、あなたは何も持っていないという事実を認知するという問題だ。どのようにしてすべてを与えるのかというこの考えは利己的だ。

あなたは与えるために何を得たのだろう？　あなたは乞食だ。誰もがそうだ。あなたは与えるものを何も持っていない。それであなたはどのようにしてすべてを与えるのかと尋ねている。

毎回夕方になると、人々はどのようにして分かち合うのかと私に尋ねに来る。そして私の問題は、彼らが分かち合おうとしているものが私には見えないことだ。

そこには何もない。あなたが何も持っていない時、この「どのようにして分かち合うのか？」という質問が生じる。この質問は、あなたは分かち合う何かを持っているが、分かち合う方法を知らない、ということであなたを心地良くさせる。これは、あなたは分かち合うための何も持っていない、という事実にあなたが気づかないままにさせる。

あなたが持っている時、それは自然と起こる。あなたはそれに抵抗できない。それは避けられない。

◆*Osho, Take It Easy*

**いったんあなたが**
**与えることのアートを学んだら、**
**抑えきれないほど多くの愛を得るだろう。**

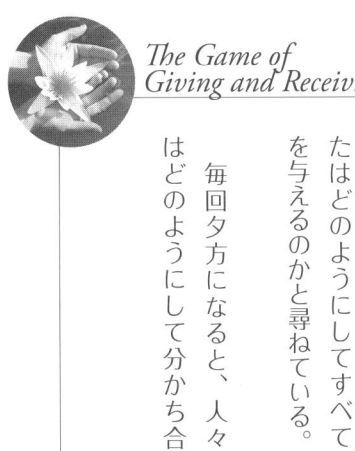

# もう たくさんだ！ Enough is Enough!

あなたが本当に生きているなら、繰り返す必要はない。全面的に生きなさい。あなたがしたいことは何であれ、それをしなさい！　避けてはいけないし、繰り返してはいけない。

あなたは入浴している。それを完成させなさい。どのようにしてそれを完成させるのだろう？

そこに在りなさい、それを楽しみなさい、それを生きなさい、それを感じなさい。それを完全に、全面的に行なってあなたの入浴から出てきなさい。あなたは食べている。その時は食べなさい！　その時はすべてを忘れなさい。あなたの現在の行為を除いて世界には何も存在しない。

あなたがしていることは何であれ、マインドが飽和状態になって満足するほど完全に、そんなにあわてずに、根気強くやりなさい。その時にだけそれは離れる。

あなたが物事を完成すると、多くのエネルギーが解き放たれる。自分自身の中にそれを見たことがあるだろうか？　あなたが物事を完成しないと、それはあなたの頭に残り、完成されるために叩く。あなたがそれを完成しない限り、それはあなたの周りをうろつき続け、あなたに絶えずつきまとう。それは小さな事かもしれないが、それはうろつき続ける。それを終わらせなさい！

あなたの思考がどれほど矛盾しているかを見守りなさい。一つの部分は「イエス」と言い、もう一つの部分はすぐさま「ノー」と言う。

今、イエスとノーを一緒に言うことが、あなたのエネルギーを浪費している。イエスと言い、そして全一(トータル)でいるか、それともノーと言い、そしてトータルでいるかのどちらかでありなさい。

あなたの思考を真っ直ぐにさせなさい！

可能な限り深く、全面的に生を体験しなさい。もしそうしなければ、内側のどこか奥深いところで、あなたはそれにしがみ続けるだろう。だからそうあるものは何であれ、可能な限り深くそれに入って行きなさい。そうすればその中に何かがあるなら、あなたはそれを学び、その中に何もないなら、あなたはその中に何もないことを学ぶ。だがどちらの方法でも、あなたは利益を得る。

毎晩、あなたが眠りに就く前に、その日を終わらせなさい。それは存在においては終わっている。今、マインドの中にそれを持ち運ぶことは無駄だ。もし何かがその日で未完成なままになるなら、あなたのマインドの中でそれを完成させなさい。

あなたは道で美しい女性とすれ違い、彼女を抱きしめたかった。何かが完成しないでひっかかっている。それを心理的に完成させなさい。彼女を抱きしめなさい。その瞬間を再び生きなさい。彼女をあなたのマインドの中で抱きしめ、彼女に感謝して、それを終わらせなさい！

すべてのものは、それ自体が完成することを望んでいる。あなたは誰かを叩きたかったが、実行できなかった。実行されなかった。あなたが眠りに就く前にそれをしなさい。毎晩三十分かけて、終わらせ続けなさい。未完成のままだったすべてのものを朝から始めて終わらせなさい。

Make the Most of
Every Minute
OSHO

気づかずにどんな経験にも入ってはいけない。なぜなら気づかずに行為すると、何度行なっても何も学ばないからだ。それはまるで、誰かが酔っ払って大学に行くようなものだ。彼は何が起こっているのか理解できない。彼は戻って来て再び取り逃がす。だから酔っ払ってはいけない。この酔いは愛着によって、エゴによって、貪欲や野心によって生じるが、根本的な原因は常に気づかないことにある。生で可能なことは、何でもより気づきをもって体験しなさい。

# 貧しき与える者

時に私たちの気前の良さは、
贈り物というよりも無理強いになる。

私は世界で最も裕福な人たちの一人、ソハンラル・ドゥガールの家によく滞在していた。彼は稀な男であり、ただ物珍しさから、彼は私に惚れ込んだ。ジャイプールが彼の家だったが、彼の職場はカルカッタにあった。だからほとんどの時間を彼はカルカッタでよく過ごし、数日間はジャイプールの家にいた。

私はジャイプールで話していて、話が終わった時、大きなターバンを巻いた老人が――私はこの男が世界で最も裕福な人々の一人だとは思えなかった――私に百ルピー紙幣の束を与えた。

私は「どうしたのですか？」と言った。

彼は「これをあなたに差し上げたい」と言った。

私は言った。「しかし私は必要ない。もし私が時に必要なら……ただあなたの住所を教えて頂くだけでいい」

彼は言った。「あなたがこのお金を受け取るという条件で、私の住所を教えましょう」

私は「しかし私は、これまで誰からもお金を受け取ったことがない」と言った。

私がこう言うと、老人の目から涙が流れ始めた。

彼は言った。「私はお金を与えること以外に愛を与える方法を知らない。私のお金を拒絶するなら、あなたは私と私の心を拒絶しているということです。そして私はあなたを決して許さないでしょう。あなたはお金を受け取って燃やすことができます。それは私の関わることではない。だがそれを拒絶しないでください」

そして、それがまさに私がしたことだった。私は彼の手から受け取り――一万ルピーはあったに違いない――その場で燃やした。

そして彼は非常に喜んだ。彼は言った。「あなたはあなたの原則に従った。私は私の原則に従った。私達は両方とも幸せだ。覚えていてください。あなたがカルカッタに来たらいつでも、私の客になってください」

## The Needy Giver

だからその後、ほとんど十年間、年に三回か四回、私は彼の客でいたものだった。彼の家全体はエアコンが作動していたが、彼は食卓で小さな竹の団扇を持って私と一緒に座った。私が食事をすると彼は竹の扇で扇いだ。

私は彼に告げた。「何をしているのですか？　あなたは家でエアコンが作動しているのを完全によく知っている。ここには一匹の蚊さえいない。とてもきれいだ。その必要はない」

彼は「だが客が食べている間に座って扇ぐのは、主人にとって伝統なのです」と言った。

私は言った。「それは伝統かもしれないが、この条件ではそれは愚かなことだ。それは単なる古い習慣であると、あなたも私も知っている」

◆*Osho, Hari Om Tat Sat*

# 地球へ返す

私たちの家は危機に瀕している。
私たちはその惑星を乱用してきた。
それは何かを戻すべき時だ。

Returning to the Earth

生は与えることと受け取ることのバランスだ。それは円だ。人間は、無知のために、多くの場所でその円を壊してきた。だからそこには大きな生態的危機がある。

　私たちは地球から受け取り続けているが、何も返していない。地球は実にゆっくりと不毛な地になり、死んでいっている。そしてもし地球が死にかけているなら、私たちの何かも死にかけている。なぜなら私たちはその一部だからだ。

木が地球に依存しているのは、それらには根があり、それで地球の生気（ジュース）を吸っているからだ。あなたも地球に依存しているのは、それらの果実、それらの花が、最終的にはあなたのところに来るからだ。

　そしてあなたは共有しなければならない。あなたは歩くことができる木だ。

歩く木がアフリカにある。歩くためには、固い大地は難しい。根は動くことができない。だが大地がそれほど固くなくて、そこで木が動く場所がアフリカにある。もし水がより北に向かっているなら、木は北に向かって動き始める。そして水が終わる時、木は他の方向に分散し始める。

私たちも木だ。私たちも多くの方法で存在と関わっている。刻々とあなたは息を吸って吐いている。ちょっと息を吐かないようにしてみるとあなたは死ぬだろう。なぜならそれは共有だからだ。共有が生だ。これらの木も呼吸している。

　生は、酸素を吸って二酸化炭素を吐き出し、木は二酸化炭素を吸って酸素を吐き出す、というような美しい単一体だ。そこには一種の兄弟の間柄がある。

　木がなければあなたは生きること

ができない。あなたがいなければ木は生きることができない。そこには絶え間なく与えることと受け取ることがある。

太陽はあなたに生命を、ビタミンを与え続ける。月はあなたに非常に神秘的な何かを与え続ける。マハーヴィーラを除いて、すべての神秘家たちは満月の夜に光明を得た。多くの人々が、他のどんな日よりも満月の夜に気が狂う。その数は二倍だ。多くの人々が他のどんな日よりも自殺する。またもやその数は二倍だ。多くの人々が他のどんな日よりも殺人を犯す。その数は二倍だ。満月の夜はそれと何か関係がある。

光明から殺人まで、満月の夜はどういうわけかあなたをかき乱す。あなたが瞑想により深く入っているなら、それはあなたを瞑想の

中へより深く連れて行くだろう。もしあなたが誰かを殺すことを切望していて、勇気を集められないなら、それはあなたに勇気を与えるだろう。だから以前に不可能だったものは満月の夜に可能になる。

何世紀にもわたって、より多くの人々が満月の夜に狂ってきた。すべての言語に狂気を月と関連付ける言葉が存在する。英語でそれはルナティック（狂気の、狂人）だ。それはルナ、月から来ている。ヒンディー語でそれはチャンドマラ、月に殺される、になる。

ゲオルギィ・グルジェフは、それは一方的ではあり得ない、ちょうど私たちが木に対して受け取ったり与えたりするように、私たちは太陽に対して、月に対して受け取ったり与えたりしているに違いない、という優れた洞察を持っていた。

それはバランスを取らなければならない。私たちは、自分たちは太陽に何を与えているのか、月に何を与えているのかを、まだ正確に理解できていない。だが私たちは与えているに違いない。私たちは自分が何を受け取っているかは知っている。もしある日、太陽が昇らないなら、あなたは目覚めないだろう。ベッドでの朝のお茶のためにさえ目覚めないだろう。あなたは終わっている。あなたの生は遠く離れた星から、太陽から来ている。

私は、そこに何の証拠も証明もなくても、ゲオルギィ・グルジェフに同意する。

もし地球上のすべての人が、すべての動物が、すべての木が死ぬなら——ロナルド・レーガンのような人々が、あらゆる努力をしているために——地球上で生きているすべてのものが死ぬなら、太陽は次の日に昇らないだろう、ということに——。私たちがただ受け取るだけで与えないでいることは不可能だ。もし私たちがある方法で太陽から生を受け取っているなら、ある方法で生を太陽に与えているに違いない。

私たちはすべて全体と繋がっていて、相互に密接な関係にあり、一つの有機体だ。

そのため、すべての次元でより豊かになりなさい、創造的でありなさい、愛情深くありなさい、瞑想的でいなさい、そして分かち合いなさい、と言うことができる。そしてあなたが分かち合えば分かち合うほど、存在はあなたに至福と歓喜の花を降り注ぐだろう。

唯一の善は、一つである状態にいることだ。それであなたは自分自身の内側での絶えざる争いの中にいなくなる。なぜならその争いはあなたを壊し、分かち合うためのどんなエネルギーも残さないからだ。あなたが一つである時、エネルギーはとても多くなるので、あなたはほとんど雨雲のようになり、ありとあらゆるところに降り注ぎたくなる雨でとても一杯になる。分かち合うことは、最も貴重な宗教的体験だ。

◆*Osho, The Messiah*

もし新しい人間が地球に到着しないなら、ますます多くの人々が意識的に、油断なく、目覚めるようになろうとしないなら、この地球は運が尽きるようになる。その運命は愚かな政治家たちの手中にあり、そして今、彼らは以前には決して持っていなかったほどの莫大な破壊する力を持っている。どんな瞬間にも、どんな狂った政治家でも自己破壊のプロセスを誘発できる。

私たちは火山の上に座っている。ただより以上に意識的でいること、より以上に油断なくいることだけが、それを守ることができる。他に方法はない。

私たちは人間を非 - 自動制御的にしなければならない。社会はあなたを自動制御化する。ここでの私の努力はあなたを非 - 自動制御的にすることだ。

私は絶対的に反社会的な何かをしている。社会はあなたを機械にさせて、私の努力はそれを元に戻すことにある。私はこの火が広がって地球のすべての隅々まで届き、可能な限り多くの人々が意識的になることを助けてほしいと思っている。もし意識が地球上に大変な数をもって成長するなら、私たちはまだ人類を救うことができるという可能性が、希望がある。すべては失われていないが、時間は切羽詰っている。

郵 便 は が き

料金受取人払郵便

荻窪局承認

3006

差し出し有効期限
令和７年５月15日
まで
切手は不要です

167 8790

東京都杉並区
西荻北 1-12-1
エスティーアイビル
**市民出版社** 編集部行

| | | |
|---|---|---|
| お名前（フリガナ） | 男 女 | 歳 |
| ご住所 〒 都道府県 郡市区 TEL FAX | | |
| E-mailアドレス | | |
| ご職業または学校名 | | |

過去に弊社へ愛読者カードを送られたことがありますか
ある・ない・わからない

新刊案内のお知らせ（無料） 希望する・希望しない

ビデオ・オーディオ・ＣＤのカタログの郵送(無料)
希望する・希望しない

ご購入の本の書名　OSHOタイムズ　　巻
（※巻数をご記入下さい。）

ご購入書店名

都道　　市区

府県　　郡　　　　書店

お買い求めの動機

(イ) 書店店頭で見て　(ロ) 新刊案内を見て　(ハ) カタログを見て
(ニ) 広告・紹介記事・書評を見て (雑誌名　　　　　　　)
(ホ) 知人のすすめで　(ヘ) OSHOへの関心　(ト) その他 (　　　　　)

●この本の中で、どこに興味をひかれましたか？

a. タイトル　b. 著者　c. 目次・内容を見て　d. 装幀　e. 帯の文章
f. その他 (　　　　　　　　　　　　　　　　)

●本書についてのご感想、ご意見などをお聞かせください。

●これから、どんな本の出版がご希望ですか。

●最近読んで面白かった本は？

書名　　　　著者　　　　出版社

● OSHO関係の瞑想会、イベント等の案内をご希望ですか？

希望する・希望しない

ご協力、どうもありがとうございました

政治家たちは狂っている。あなたが狂っていないなら政治家であることは不可能だ。あなたは完全に気が違っていなければならない。気が違った人々だけが、権力に取り付かれるからだ。

まともな人々は生を楽しく生きる。彼は権力に取り付かれていない。彼は音楽に、歌うことに、踊ることに関心があるかもしれないが、誰かを支配することには関心がない。彼は自分自身の主人になることに関心があるかもしれないが、他人の主人になることに関心はない。

新しい人間の意味は、より意識的でより愛情深く、より創造的であることだ。

このすべてのプロセスは、より瞑想的でいることを通して可能になる。もっと瞑想的に、沈黙して、静かになりなさい。あなた自身を深く体験しなさい。その体験において、ある芳香があなたを通して解き放たれるだろう。そしてとても多くの人々が瞑想者になるなら、地球は新しい香りで一杯になり得る。

◆*Osho, The Dhammapada: The Way of the Buddha*

あなた自身を深く体験しなさい。
その体験において、ある芳香が
あなたを通して解き放たれるだろう。

# 私に、あなた自身を差し出さないこと！

## Don't Give Your self to Me

あなたには、私への明け渡しをしてほしくない。それは完全に私の良心に反することだ。あなたは旅の同伴者だから、私はあなたを貶めたり、屈辱を与えたりすることはできない。私にできるのはむしろ、あなたにもっと品位と自尊心を与えることだろう。

私にとって、マスターの真の役目とはこれだ。偽物の、俗にいうマスターだけが、明け渡しを要求するのだ。

たしかに、私も明け渡しを説いてはいるが、その明け渡しは私に対するものではなく、全体に対するものだ。しかもあなたにとっては、この無限の、非の打ち所のない宇宙に対して明け渡すほうが容易だろう。だが何に対してであれ、全体より劣るものに対しては、けっして明け渡してはならない。このような類の明け渡しは、あなたを隷属へと導くだろう。何千年にもわたって人類全体を隷属させてきたのも、このような隷属なのだ。

私は明け渡しではなく、自由を説く。全身全霊で生きることを、そして全体に対して、途方もない尊敬と愛と感謝を抱くよう説く。

私に対して明け渡すというのは、自分の責任を私に委ねることだが、たとえどんな人であっても、あなたの代わりに宗教的旅路を成し遂げることは、絶対にできない。

そこで、いつかあなたは挫折感を味わい、腹を立てるだろう。さらに自分は十年間を無駄にしたのに、どこにも到達していないと言って、私を責め始めるだろう。これは実に愚かなことだが――そもそも出発点から、自分が間違った道を選んでいたことを、あなたは認識していない。

あなたは私の言わんとすることを、正確に聴いていなかった。自分が聞きたいことを、曲解して聞いているのだ。全体に対して明け渡すなら、何も成果がなくても、いつか全体を責めてやろうとは思わないだろう。

## 帰依と明け渡しが我が道だと、あなたが思っているなら、これを読むこと。

人々は嘲笑して言うだろう、「全体というのは、どういう意味なのか？それは星や、月や、大空や、山や、川などだろうか——きみはこれらのものが、自分を変容させてくれるとでも思っているのか？」と。

あなたは嘲笑されるだろう——だが、私は言いたい、このような明け渡しだけが、あなたに変容をもたらすことができるのだと。

じつは変容は星々によってはもたらされず、山々によっても、また全体によってもたらされるものでもない。変容がもたらされるのは、あなたの明け渡しとトータリティによるものだが、明け渡しとトータリティという言葉の意味を忘れてはならない。十年だろうと、十回の生涯だろうと——もし明け渡しが完全であれば、引き返すことはできない。あなたはいつかそれを撤回し、「さあ、私はもう明け渡ししません」とは言えない。

そんなことをするなら、あなたはずっと自分は明け渡ししていると思っていたが、実はそうではなかったという意味だ。

明け渡しとは絶対的で無条件なものであり、それを取り消すすべはない。そういう訳だから、私はトータリティを強調しているのだ。どんなものであれ、出し惜しみをしてはならない。すべてを全体に捧げなさい、本来は全体のものなのだから。

あなたは全体から生まれてきた。あなたは全体に所属している。あなたの生命は、あらゆる瞬間に全体によって養われている。あなたという存在を、全体がすっかり、完全に引き受けるのを許しなさい。そうすればしかるべき時期、しかるべき季節には、春が訪れて、花々が咲き始める。

◆*Osho, Satyam, Shivam, Sundaram*

# 愛の中に深く潜る

## Diving Deep in Love

時々、人との関係は退屈になります。新しい人が、あなたと一緒にいる人よりも魅力的に見えたりする……あなたが、ある人のもとに留まったほうがいいのか、新しいパートナーへと移ったほうがいいのかと思案したことがあるなら、これはあなたのための話です。

ある女性が、一人の人と親密な関係を持ちながら、他の男性たちに引きつけられることについて尋ねています。

問題が起こるのは自然なことだ。誰もがそれに直面しなければならない。関係性とは、保安、安全、親密さ、愛を意味する。極めて親密な関係性においてのみ、愛は成長できる。愛には時間と忍耐が必要だ。これら全部を望むなら、あなたは瞬間的な欲求を犠牲にしなければならない。例えば、誰かが魅力的に見え、あなたは性的に引きつけられる。

あなたがそのような瞬間的な喜び、この人やあの人と性的に関わる楽しみを望むなら、関係性とそれを通して得られるすべてを犠牲にしなさい。あなたは選ばなければならない。両方を持つことはできない。多くの人々は両方を持とうとして、神経症になっている。なぜならその時には、あなたは両方に引っ張られ続けるからだ。そしてあなたは両方を壊してしまうだろう。

あなたが他の誰かと一緒にいるとき、あなたは気が咎めるだろう。そしてあなたが罪悪感を持っているなら、どうして楽しむことができるだろう？

どんな楽しみがそこにあり得るだろう？

罪悪感が起こるのは、あなたが何か間違ったことをしているので、彼を裏切っている、彼は惨めだろう、と思うからだ。あなたは気が咎めているので、あなたが彼と一緒にいるとき腹を立てるだろう。なぜなら、あなたが楽しめないのは彼のせいだから、彼があなたの自由を奪っているからだ。だからあなたは、彼と一緒にいることを楽しむことさえできない。

あなたは人々と共に漂い、自由な関わりを持つことができる。そこにはそれ特有の美しさがあるが、それでは表面的なままだ。それは決して深いところには進まない。しかし、誰かがそれを選ぶのであれば、全く問題はない。私はそれに反対ではない。それはあなたの選択だ。関係性にはそれ特有の美しさがある。だからあなたは、非常に明晰になり選ばなければならない。ひとたびあなたが選んだなら、他の方は存在しなかったかのように捨てて、完全にきれいさっぱり忘れなければならない。

それぞれの段階で道が分かれている。あなたが非常に躊躇して、この方向に一歩、あの方向に一歩と踏み出し、両方を持つことを望むなら、あなたはおかしくなるだろう。

単に選びなさい。そして、あなたが選ぶものは何でも良い。私は、これを選びなさいとか、あれを選びなさいとは言っていない。私はただ選びなさいと言っている。両方に美しさがある……だからそれについて熟考し、それに瞑想し、彼と話し、ものごとを決めなさい。あなたの瞑想から何かが生まれるだろう。

◆*Osho, Halleluiah!*

あるカップルは喧嘩をすることを楽しんでいると言っていますが、女性はその関係性に飛び込むか、そこから飛び出すかで立ち往生していると感じています。

◆◇◆◇

飛び出さずに、飛び込みなさい。あなた方二人が喧嘩することを楽しんでいるなら、あなた方はお互いにおあつらえ向きだ！ それは可能な限り最高の関係性だ。ただ幾つかのことをしなさい。ひとつ、あなたがこのようであるべきだと彼が言うことは何であれ、それは彼の問題だということだ。彼の気持ちを述べている。彼は単に個人攻撃だととらえてはいけない。

彼が「あなたはこのようでなければならない」と言うとき、彼が実際に言っていることは、このようなあなたを好む、ということだ。あなたが彼が好むそのような人でなかったら、彼が去るのは自由だ。

## Relating 関係性

あなた自身であることに固執しなさい。彼が変わりなさいと言うからといって、あなたが変わる必要はない。それは偽物になるだろう。

あなたに変わりたい気持ちがあるなら、彼が言っているからではなく、あなたの気持ちからであれば、その時は変わりなさい。そうすればそれは本物だ。そうでなければ、彼の言うことにあまり注意を払ってはいけない。それは彼の問題なのだから。彼は心配しているからあなたを怒鳴りつけるのだ。

あなた自身のままでありなさい。そしてあなた自身であるために戦いなさい。

愛とは単に親密な戦いであり、ほかの何ものでもない。それは非常に教養のある、洗練された戦いだが、それでも戦いだ。

恋人たちは戦士たちだ。実際、誰とでも一緒にいれば、すぐに戦いが始まる。なぜならあなた方二人は違っているからだ。

まず、あなたは女性で彼は男性だ。そして彼は一つのやり方で育てられ、あなたは別のやり方で育てられた。あなたには異なる考えがあり、彼には異なる考えがある。誰も間違っていない。違いがあるだけだ。

相手の違いを尊重し始めるほどに成熟するには、時間が必要だ。人が多くの戦いを乗り切って、火傷して、相手と自分を傷つけた時にのみ、それはやって来る。するとゆっくりゆっくり、知恵が生じる。

知恵は経験からやって来る。それは知識ではない。誰でもあなたに知識を与えることができるが、それでは駄目だ。あなたはあなたの知恵に達しなければならない。

それはゆっくりやって来るだろう。それは高くつく。人は一生を通して、その代価を支払わなければならない。

そしてある日、人が相手に他の誰かになってほしいと頼むことは単に無駄であり、人はそれを受け入れなければならないのだとわかる段階に到達する。その受け入れの中で、愛は新たな色合い、新たな様相、新たな親密さを帯びる。愛はもはや闘いではない。

第一段階は闘いだ。第二段階は全く異なる。だが第二段階に到達するには、第一段階を通過しなければならない。そして現代の世界では、人々は最初の段階を決して通過しない。戦いが起これば、あなたは彼を見捨てる。彼はあなたを見捨てる。あなたはパートナーを変える。ふたたび戦いが起こり、あなたはパートナーを変え、ふたたび戦いが起こり、あなたは変え続ける。あなたが第二段階に到達することはない。そして、あなたが充分に時間をかけて親密さを維持する時にのみ、第二段階は可能だ。この戦いは火だ。それはあなたをより成熟させるだろう。そこに入りなさい。飛び出さないで、飛び込みなさい。

彼が望むことを言わせなさい。そして、あなた自身でありたいと主張しなさい。あなたは愛し続ける。彼は愛し続ける。傍らで戦いは続く。それらは並行して進むことができる。私は、あなた方が別れるべきだとは思わない。あなたはその中に深く入るべきだ。それはあなたに何か価値あるものを与えるだろう。それを楽しみなさい。◆*Osho, Don't Bite My Finger, Look Where I'm Pointing*

私は同時に、三人の女性と恋に落ちました。最初は簡単でした。ですが、私が一人の人とより深い関係になるとすぐに、私が次の人のところに行くようになるか、彼女が他の人と一緒にいたいと望みました。もちろん、私が他の女性たちの一人と波長が合うようになるとすぐに、同じことが再び起こりました。私は何かを避けていますか？

◆◆◆◆

愛は重要であり、良い学びの状況だが、単に学びの状況に過ぎない。一つの学校で充分だ。三つの学校は多すぎる。そして三人の女性と一緒だと、あなた多くを学ぶことができないだろう。あなたはすったもんだの状況にあるだろう。

あなたは一人の人と一緒のほうが良いだろう。そうすれば、あなたはより全面的に彼女と一つになれるだろう。そうすれば、あなたは彼女とあなたの望みをよりはっきりと理解できる。だからあなたの混乱も少なくなり、苦しみも少なくなるだろう。

# Relating 関係性

愛は初めのうちは無意識の現象でしかない。それは生物学的なものであり、それほど貴重なものではない。あなたがそれに気づきをもたらす時だけ、それについてもっともっと瞑想的になるときだけ、それは貴重になり始め、高く昇り始める。

一人の女性または一人の男性と親密になることは、多くの表面的な関係を持つことよりも良い。愛は季節の花ではないので、成長するのに何年もかかる。それが成長するときにのみ、それは生物学を超えて進み、その中に精神的なものを持ち始める。

単に多くの女性または多くの男性と一緒にいることは、あなたを表面的なままにしておくだろう。おそらく楽しめるかもしれないが、表面的なままだろう。確かに占有されるが、その占有は内側の成長の助けにはならないだろう。

だが一人対一人の関係——お互いをより密に理解し合うことができるような持続的な関係——はとてつもなく有益だ。

全ての男性は彼の中に女性的な部分を持っており、すべての女性は彼女の中に男性的な部分を持っている。それを理解するもっとも簡単な方法、それを理解する最も自然な方法は、誰かと深く親密な関係を持つことだ。あなたが男性ならば、女性と深く親密な関係になりなさい。全てのバリアがなくなるように、信頼を成長させなさい。お互いに近づけば、あなたは女性の中を深く見ることができ、女性はあなたの中を深く見ることができる。お互いに対して不正直であってはならない。

あなたが非常に多くの関係を持っているなら、あなたは不正直になり、絶えず嘘をついているだろう。あなたは嘘をつかねばならないだろう。不誠実でなければならないだろう。あなたは心にもないことを言わなければならないだろう。そうすれば、彼女たちはみな疑わしく思うだろう。あなたが他の誰かと関係を持っているなら、一人の女性と信頼関係を築くことはとても難しい。男性をだますのは簡単だ。なぜなら、男性は知性を通して生きているからだ。

女性をだますのはとても難しく、ほとんど不可能だ。なぜなら、女性は直感的に生きているからだ。あなたは彼女の目を直接のぞくことができないだろう。あなたは、彼女があなたの魂を、あなたが多くの欺瞞的なものととても多くの不誠実なものを隠していることを、見抜き始めるのではないかと恐れるだろう。

あなたが多くの関係を持っているなら、女性の心に深く飛び込めないだろう。そしてそれが、あなた自身の内側の女性の部分を知るために必要とされる唯一のことだ。

関係は鏡になる。女性はあなたをのぞき込み始め、彼女自身の男性的な部分を見つけ始める。男性は女性をのぞき込み、彼自身の女性性を発見し始める。

そして、あなたがもう一方の極であるあなたの女性性のことをもっと知るようになればなるほど、あなたはより完全になり、より統合される。あなたの内なる男性とあなたの内なる女性がお互いの中に消えるとき、お互いの中に溶け合うとき、彼らがもはや別々でないとき、彼らが一つの統合された全体になったとき、あなたは個人になる。女性はあなたの鏡になる。男性はあなたの鏡になる。相手はあなたの顔を反映するが、もしあなたが周りにたくさんの鏡を持ち、一つの鏡からもう一つの鏡へと走り、他の鏡についてそれぞれの鏡をだましているなら、あなたは混乱し気が狂うだろう。

◆*Osho, The Dhammapada: The Way of the Buddha*

◆◆◆◆

女性を変えれば事態は改善されるだろう、あるいは、彼女が男性を変えれば事態は改善されるだろう、という考えの犠牲者になってはいけない。パートナーを変えるだけでは、何も改善されない。それは幻想だ。

最初は両者とも取り繕っているので、事態は良く見えるだろう。再び同じことが起こり、あなたは何度も同じ罠にはまるだろう。だから、パートナーを変えるよりも、関係の質そのものを変えなさい。それは貴重なものになるだろう。

一緒に座りなさい。お互いを理解しようとしなさい。愛とはそういうことだ。毎晩一時間座って、すべての問題を隠さず明らかにし、心を開いてみてはどうかね。彼女もまたオープンになって受け入れることができるよう手助けしなさい。確かにそこには限界がある。完璧な人間などいない。そして人々が完璧でないことは良いことだ。そうでなければ愛は不可能だ！ 二人の完璧な人が出会うなら、彼らは愛さないだろう。愛の必要はない！

人々を呼び寄せるものは不完全さだ。あなたは不完全だ。彼女は不完全だ。あなた方二人は出会い、あなた方は思う。「私たちは、私よりも完全な、あなたよりも完全で、一つの構成単位を作ることができるかもしれない。私たちはお互いを補足し、お互いを補完するだろう。あなたには限界があり、私にも限界がある。多分私は、あなたが持っていない何かを持っている。多分あなたは、私が持っていない何かを持っている。だから私たち二人が一緒になれば、個別の各個人よりも完全かもしれない」。

私の方策は、毎日お互いにいくらかの時間を与えることだ。オープンに話しなさい。恐れてはいけない。これ以上悪くなることはない。せいぜい彼女があなたのもとを去ることができるぐらいだ。考えうる最悪の事態をいつも忘れないようにし、それを受け入れなさい。そして腹を割って話しなさい。それは役に立つだろう。

理解しようとしなさい。論争してはいけない。それは論争するという問題ではない。それは相手を説得するという問題ではない。単に、あなたの心を相手に対して開くということだ。そして何が起こるかを見なさい。一か月以内に再び、あなた方はよどみなく流れているだろうと思う。一緒に、それを毎日の瞑想にしなさい。三十分か四十分やれば良いだろう。あなた方が眠りにつく前に、すべてのことを話し、一日を締めくくりなさい。集めたものは何でも相手の前に置き、それを終わらせなさい。空っぽになって眠りにつきなさい。朝に再び始めなさい。

◆*Osho, The Zen Experience*

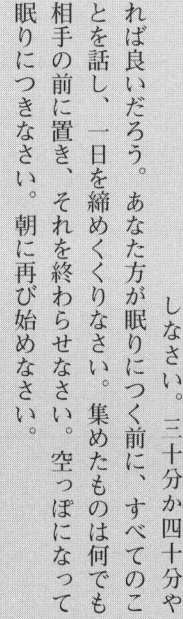

ある女性は、一人の人との関係に長い間留まることができないことを心配しています。

◆◇◆◇

それで、あなたは一人の人と一緒にいたいのかね？　その欲求があるのかね？　あなたはその欲求を自分自身に押しつけるべきはない、と私は思う。もう少し意識を持って、あなたがしてきたやり方を続けなさい。それがすべてだ。あなたが自分自身に特定の関係を強いるなら、あなたは非常に息詰まる思いがし、拘束されているように感じるだろう。

あなたは一つの関係に安住できるタイプではない。様々なタイプがあり、人は自分のタイプに耳を傾けなければならない。何度も何度も新しい関係に移行するとき、そこにはいくつかの美しさがある。ものすごいスリルや冒険があり、新しいハネムーンが始まるたびに、あなたは再びピークに達する。

だが一つの関係が終わるたびに、再び欲求不満、惨めさ、苦悩がある。全てが粉々になり、あなたは再び自分自身を組み立てなければならない。だからあなたが新しい関係を始めるときには喜びがあり、それを終わらせるときには惨めさがある。

あなたが一つの関係の中で生きるなら、より安全である、親密であることの喜び、ことの喜びがある。だが、スリルを見つけることはないだろう。冒険を見つけることはないだろう。あなたは近しさ、親密さを見つけるだろう。そして、親密さの中には美しさがある。なぜなら、親密さの中でしか成長できないものがいくつかあるからだ。

根は親密さの中で成長する。あなたがより近づければ、関係は新たな方向に向かう。それはそれほど性的ではなくなる。セックスはゆっくりゆっくりやせ細り、ますます多くの愛情と友情になる。それは、きわめて充実していて全く異なる質を帯びる。だがその時あなたは、再びハネムーンを逃し、再び退屈を感じるかもしれない。

あなたの関係性を変え続けるならば、あなたは疲れを感じるだろうが、決して退屈になることはない。そして一つの関係の中で生きるならば、あなたは疲れを感じることはないだろうが、退屈な気分になるだろう。だから、両方のタイプのライフスタイルには、それぞれの喜びと惨めさがある。

当然、疲れを感じているときには、あるいは退屈な気分になっているときには、人は他方の種類について考え始める。反対のものがもっと良いかもしれないと考えるのは、自然の傾向だ。なぜならあなたは、反対のものを知らないからだ。このように決めるのではなく、人は自分のタイプを見て、自分のタイプにくつろがなければならない。

ある日あなたは、一緒にいると両方のことが共に起こり得る誰かを見つけるかもしれない。人生が絶え間のない冒険になり、一緒にいることができ、親密さが増すような、そんな人を見つけるかもしれない。その時にのみあなたは落ち着くことができる。

だがそのためには、あなたは待たなければならない。あなたは辛抱強さを学ばなければならない。

それはいつか起こり得る。だがそれは起こるべきであって、強いられるべきではない。それを強いれば、あなたは今よりももっと惨めになるだろう。一つの惨めさから、別の惨めさに代わるだけだろう。そして別の惨めさは、よりずっと破壊的だろう。なぜなら、それはあなたのタイプに合わないからだ。

今日まで、すべての社会が一つのタイプに味方することに決めたので、すべての社会は同じタイプの属さない人々のせいで悲惨だ。そして、五十パーセントの人々はそこに属していない。

五十パーセントの人々は一夫一婦で、五十パーセントの人々は一夫多妻だ。それはあらゆるところにおける、あらゆることにおけるバランスだ。こちらが五十パーセントで、その反対が五十パーセントだ。

社会が一夫一婦制なら——例えば東洋では、インドでは、あるいは過去に西洋でもあったように——非一夫一婦制の人は非常に苦しむ。それは彼の心に、非常な重みとしてのしかかる。

非一夫一婦の人は、冒険的なタイプであり、性的にだけではなく探検するタイプだ。彼はあらゆるやり方で探検する。だから、一夫一婦制のままである社会は、非探検的、非創造的になる。なぜなら、創造的な人々は押しつぶされ、成長する機会が与えられないからだ。

一夫一婦制の人は非創造的だ。彼は安心と安全を望み、楽な人生を送りたい。彼は放浪者ではない。彼はジプシーではない。あらゆる点で——身体的にだけではなく、精神的、心理的にも——彼は放浪者ではない。彼は新しいものよりも、むしろ古く馴染みのあるものを要求するだろう。彼は新しいことには興味がない。なぜなら、新しいことは常に困難をもたらすからだ。

あなたは再び慣れなければならない。あなたは、新しいものと共に自分自身を変えなければならない。新しい変化があるたびに、あなたは再び人生をかき乱さなければならない。だから、一夫一婦制の社会は非科学的に、迷信的になり、動かず、鈍く、死んだようになる。

非一夫一婦制の社会は非常に冒険的になり、生き生きとし、流れている。だが、非常にしんどいものに、非常に緊張したものになる。それは存在に科学をもたらす。それは新しい道を模索する。なぜなら、すべての精神が放浪者の精神だからだ。新しいものが愛され、古いものは古いがゆえに嫌われる。誰もができるだけ速くそれを捨てる準備ができている。

だがその社会は、家庭に属する落ち着き、静けさ、居心地の良さ、安全さ、温かさを失う。それはいつも、一種のキャンプライフのままだろう。ある日あなたはここにいるが、別の日にはどこか他のところにいる。もちろん、新しさの喜び、新しい領域、探検があるが、トラブルもそこにある。あなたは決して定住しない。あなたはどこにいてもくつろぐことはない。

## Relating 関係性

私のビジョンは、それぞれの社会ですべてのタイプの人々が存在するのを許すというものだ。

私たちは彼らを考慮に入れなければならない。あらゆる種類の人々は、自分自身であるための全面的な自由が与えられなければならない。そうすれば、深く親密な関係にとどまりたい人々、何度も同じ味を味わうことを愛する人々は、それを持つことができる。彼らは非難されるべきではない。彼らは崇拝されるべきでもない。

そして自分の全ライフスタイル――彼らの関係、彼らの愛、彼らの友情、彼らの場所、彼らの仕事を毎日、時々変えたいと思っている人々もまた考慮されなければならない。どちらも良い。そうすれば社会はよりバランスが取れる。それは東洋でも西洋でもない。それは単に一つの統一体、一つの地球になるだろう。だがこれはまだ起こっていない。

もし私たちが一方を尊重すれば、他方を非難する。私たちは対極にあるもの両方を尊重することができない。

◆*Osho, Zorba the Buddha*

# 未来は変化を愛する者の手に…

The Future Belongs to Those Who will Love Change…

人々は変化をとても恐れている。その変化がより良いものだとしても恐れている。彼らは新しいことを恐れている。なぜならマインドは馴染みのことにはとても賢くなるが、新しいことには常に戸惑いを感じるからだ。というのも新しいことにはマインドはまたいちから学び直さなければならないからだ。誰がそんなことを望むだろう。

マインドは世界が変化せず、そのままでいることを望む。それは社会共同体は慣習に従い、伝統を重んじるというマインドのせいだ。世界中の何百万もの人が型にはまっている。なぜだろう。そこにはある深い投資があるからに違いない。誰も学びたくはない。誰も成長したくはない。誰も新しいものに出会いたくはない。人は古い型にはまり続ける。そして当然のように退屈する。

すると彼らは言う。「何でこんなに退屈なんだろう」とか「どうしたら退屈からぬけだせるのだろう」とか——自分で退屈さを作り出しているのに、それを作り出す仕組みがわからないのだ。

退屈さは問題ではない。退屈さは副産物だ。問題の根本は新しいことを探求する用意はできているか、冒険に出かける用意はできているかどうかということだ。冒険はリスクだ。先がどうなるかわからない——結果として良くなるかもしれないし、前よりももっと悪くなるかもしれない。誰も確実なところはわからない。生において唯一確かなことは、生は不確実だということだ。

新しいことは人々をとても不安にさせる。彼らは古いものにしがみつく。それゆえ世の中の型にはまった人々——彼らは余計な重荷だ。彼らのせいで世界は変わりばえしないままだ……彼らは古いやり方に固執し続けるだろう。

退屈さは問題ではない。退屈さは副産物だ。
問題の根本は新しいことを
探求する用意はできているか、
冒険に出かける用意はできているか
どうかということだ。

例えばインドではおよそ五千年もの間、マヌによって作られたのと同じ構造で生きている。当時はそれで良かったかもしれない。そこに重要性があったかもしれない。しかし五千年経った今でも、なおインドでは不可触民が存在している。

それはそうだっだし、いくつかの村では今でもそうだ。もし不可触民の影が高いカーストの誰かにかかったら、それが罪になるということがだ。彼は叩きのめされることが許されている。死ぬまで叩きのめされることが!

いまだに人々は焼かれているのだ。そしてこの愚かな構造が五千年もの間生き続けてきた——あまりにも非人道的

で、非民主的だ！　だからインドでは民主主義が成功しなかったのだろう。ヒンドゥー教のマインド全体が非民主的だ。もしマインドの構造全体が、マインドの条件付けが非民主的なら、どうやって民主的な国家を作ることに成功するだろう。

民主主義の基本原理は誰もが平等で、誰も他の人より価値がある人はいないということだ――しかし、それはヒンドゥー教徒には受け入れがたい。実際経典では不可触民は人間として数えられないとされる。人と一緒にではなく、動物と一緒に数えられなければならない。女性も男性と一緒に数えることはできない。動物と一緒に数えられてきたのだ。

さてこの種のマインド――これがどうやって民主的になることができるだろう。民主主義の名のもとにあるのは混乱だけで他には何もない。民主主義のための基盤がないからだ。

　この構造の美しさは何だろう。そこには美に値するものは何もない。全くもって醜悪だ。

　そこでただひとつ言えるのは、あまりにも人々は永く生きすぎたので、他のことは何も学びたくないということだけだ。彼らはそれと共に生きたい、それと共にあると安心するということだ。どんな変化も忌み嫌うのだ。

覚えておきなさい。この傾向はどの人間にも少なからずある。あなたは変わりたくない。あなたは変化を恐

あなたは変わりたくない。
あなたは変化を恐れている。
なぜなら変化には新しい責任、
新しい挑戦が伴うからだ。

子供達だけが唯一学ぶことができる。
なぜなら彼らには過去もなく、
しがみつく古いものが何もないからだ。
だから子供たちは学ぶ用意ができている。
成長するにつれて
だんだん学ばなくなってくる。

れている。変化には新しい責任、新しい挑戦が伴うからだ。それに対処できるかどうかを恐れているので、古いやり方のままでいた方が良い――なぜなら古いやり方でなら、あなたは熟練し敏腕であり、古いやり方でならあなたはマスターだからだ。新しいやり方では、どうなるか誰にわかるだろう。あなたはマスターになるかもしれないし、マスターにはならないかもしれない。

子供達だけが唯一学ぶことができる。なぜなら彼らには過去もなく、しがみつく古いものが何もないからだ。だから子供たちは学ぶ用意ができている。成長するにつれてだんだん学ばなくなってくる。十二歳くらいになると人々は学ぶのをやめる。彼らはその精神年齢のままでいる。

もしあなたが探求者なら、継続的に学ばなければならないだろう。生は学びだ。学びは決して終わることはない。死の瞬間でさえ探求者は学び続ける。彼は死を学ぶ。常に変化する用意がある。

水は変化の要素を表している。永遠に変化する流動的な現象を。変化の用意ができている者が、過去を許して忘れる者が、そしてこの瞬間とともに行く用意のできている者が真の人間だ。なぜなら彼らは冒険者だからだ。

彼らは生の美しさを、生の祝福を知っている。そして生はその神秘を、そういった人々にのみ明かす。そしてそういう人々が――なぜなら彼らにはその価値があるから、生の神秘を得てきたのだ。危険を冒してそれを得てきたのだ。彼らには勇気がある。

呂祖曰く

冬には穏やかな風が吹く

もしあなたが水のようになったら――変化して、常に変化し続けて、移動して流れて、過去や古いものに決してしがみつかず、常に新しいものを探し、常に新しいものを楽しむような――そうすると穏やかな風が吹き、優美さが降りてくる。すると至福があなたの存在に降りてくる。するとあなたの内に初めて聖なるダンスが……それが穏やかな風と呼ばれるものだ。

神々しさはとても穏やかだ。決してあなたの扉をノックはしない。あなたはその足音を聞くことはない。訪れるときにはとても静かに、音を立てずにやって来る。あなたが水のようにならない限り、神々しさの風は決してあなたのところでダンスを踊りはしないだろう。

まず流れのようになること。それは私のサニヤシンへのメッセージでもある。流れのままでいなさい。

そして覚えていなさい。未来は常に、変化する用意のある者の手にある。今や世界はあまりにもめまぐるしく変化しているので、古いものにしがみついている者はとても苦しむことになるからだ。過去においては、彼らはそれほど苦しまなかった。それどころか変化する用意のある者がとても苦しんだ。

未来においては、ちょうど逆になるだろう。未来は変化を愛する者、踊りながら変化する用意のある者、変化を祝う者の手にあるだろう。そして変化の機会があるとき

あなたが水のようにならない限り、
神々しさの風は決してあなたのところで
ダンスを踊りはしないだろう。
まず流れのようになること。
流れのままでいなさい。

にはいつでも彼らはそれを逃さないだろう。未来は彼らと共にあるだろう。

歴史は大きく変わろうとしている。もう一つの段階に移行している。だから私は常に、何かが変化しているときには常にそれを阻んではならないと説いているのだ。

もしあなたとあなたの女性との関係性が変化しているなら、それを阻んではならない。それを許しなさい。それ自身の道を行かせなさい。別れなければならないとしても心配することはない。そのしがみつくマインドが、あなたを惨めにし続けるだろう。もしそれが変化しているならそれは変化しているのだ！　変化を楽しみなさい。新しさを楽しみなさい。新しさを受けとりなさい。それを歓迎するのだ。するとすぐにあなたはわかるだろう。もし古いことに対してじたばたせずに、新しさを受け取ることができるようになれば、あなたの生には上品さ、優雅さ、優しさが伴い始めるだろう。繊細な花のようになるだろう。

これが探求者が踊り始める瞬間だ。これが祝祭が始まる瞬間だ。そして覚えておきなさい。イルカやチンパンジーは遊びはするかもしれないが、祝うのは人間だけだ。祝祭は全くもって人間的だ。あなたはいろいろな定義を聞いたことがあるだろう。ある人は人間は合理的な動物だと言い、またある人は別のことを言う。私は人間は祝う動物だと言う。それが人間が他のあらゆる動物と違うところだ。

しかし、もし古いものにしがみついていたら、どうやって祝うことができるだろう。あなたは過去に住んでいる。死んだものと共に住んでいるし、生があなたに届くのを許さないので、自分の墓に住んでいることになる。それはあたかもバラの茂みが枯れている古いバラに夢中になり、落ちた花びらを集め続け、そして新芽や新しい花を、春が来るのを恐れているようなものだ。

それが多くの人の、大半の人の状況だ。彼らは枯れた花びらにしがみ続けている。それを集め続け、自分の記憶の中で生きている。彼らはそれを郷愁と呼ぶが、愚か以外の何者でもない。

真の人間は郷愁など全く持たない。彼は過去は決して振り返らない。それはもうそこにはないからだ。彼は瞬間に生き、未来に開いたままでいる。彼は彼のものであり、そして現在は彼が未来を受け取ることを可能にしている。彼の扉は風に、雨に、太陽に対して常に開いている。彼はただ開いている。

◆*Osho, The Secret of Secrets*

# I have heard…

## それはそのように作用しない。

**It Doesn't Work Like That**

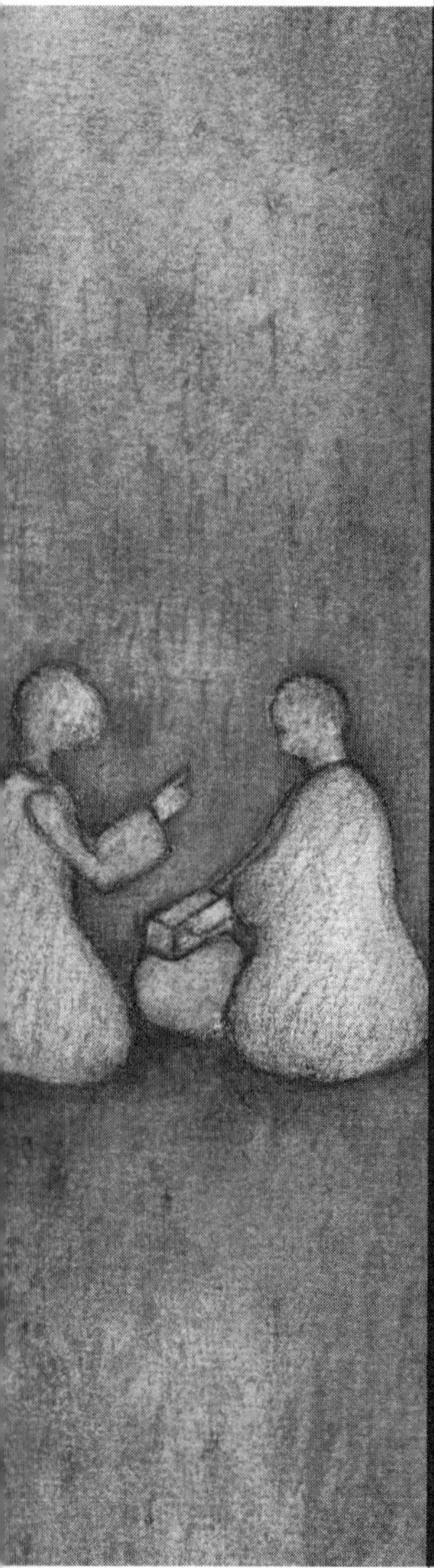

**他の人たちがどのように自分の時間を、
マインドを浪費しているのかを見るのはより簡単だ。**

禅マスターは言う。彼が別のマスターの弟子だった若い頃に、数ヶ月間ぶっ続けて自分の瞑想に厳しく働きかけていた。それからある日、彼のマスターが来て、煉瓦を持って彼の前に座り、石の上で煉瓦を擦り始めた。音がしたのでそれは若い弟子を悩ましてかき乱していた。

結局、苛立って、若者は尋ねた。「あなたは何をしているのですか?」

マスターは言った。「私は鏡を作ろうとしているのだ」

弟子は言った。「あなたは気が狂ったのですか? 鏡はただ煉瓦を磨くだけでは鏡になりませんよ。生涯それを磨いても、鏡はできません」

マスターは言った。「それなら私はお前に何も言うことはない。お前は自分のマインドを磨こうとしている。鏡もそのようには作られない。私はこの煉瓦を捨てる。わかったか? お前も同じことをしなさい。」

マインドを落としなさい。それは、マインドを磨く、マインドを修正する、それをますますはっきりさせる、という問題ではない。それはマインドを変えるという問題ではない。それはマインドを完全に落とすという問題だ。

■ *Osho, Dang Dang Doko Dang*

Chillies
めざめのスパイス
OSHOの辛口箴言（しんげん）シリーズ

# 心理的奴隷状態
## Psychological Slavery

従う人は愚かだ。
彼は自分の愚かさから従う。
なぜなら彼は自分自身に依存できないからだ。
彼は他の誰かに依存し始める。
彼は心理的な奴隷であり、心理的奴隷状態は
他のすべての奴隷たちよりも深い奴隷状態にある。
それは非常に微妙だ。
あなたはそれを見ることができないが、
それを感じることはできる。

■ *Osho, Going All the Way*

九十三歳と九十五歳の老夫婦が弁護士のところに行き、離婚したいと申し出た。

「離婚ですか！　そのお年でですか？　お言葉を返すようですが、お二人が今後もますますお互いを必要とされるのは確実です。にしても、それだけ長くお二人で歩んでこられて、なぜ今さら離婚なんです？」

「そ、それは」と夫。「ずっと離婚したいとは思っていたんですが、子供が死ぬまでは待とうと思いまして」

テディ・ベアソンは妻が浮気をしていると思い、私立探偵E・T・ピックルを雇って妻を尾行させた。妻の怪しい行動をすべてビデオに収めるよう指示を受けたピックルは、一週間後にこう報告した。「どうぞ、これです。丸々ありのままを収めてあります。あなたの親友も映っています！」

テディとピックルは一緒にビデオを見た。テディの妻とテディの親友がランチを取り、プールで泳ぎ、手を取り合って踊り、楽しそうに田園地帯を歩き、松の木の下で愛を交わし……」

「まさか！　そんなばかな！」とテディ。

「本当です！」とE・T。「証拠は揃っています」

「そうじゃなくて、」とため息をついてテディ。

「妻といて何がそんなに楽しいのか全くわからん！」

深刻さはほとんど私たちの骨肉の一部となっている。それゆえ深刻さを捨てる努力は必要だし、目を光らせなくてはならない——何かユーモラスなことを見つけ出せたら、場所に構わず機会を逃さず、心のタガを外して全身全霊で笑いなさい。

パディーは裁判所で、職場で起こった事故で腕にけがをしたと、損害賠償を請求していた。

「今、腕がどのくらい上がるのか見せてもらえますか？」と被告側弁護士。パディーは目一杯頑張って十五センチ腕を上げた。「事故の前はもっと高く上げられたのですか？」と弁護士。

「もちろん、」とパディー。

「（さらに高く上げて）このぐらいは上がりました！」

ゴールドバーグがギンズバーグに駅で出会った。「なあギンズバーグ、ここじゃ毎日顔を合わせてるし、シナゴーグでだってゴルフクラブでだってよく会うってのに『仕事はどうだ?』って訊いたことがないな」

「なら訊こうか」とギンズバーグ。

「ゴールドバーグ、仕事の調子はどうなんだ?」

「ああ」とゴールドバーグ。「聞かないでくれ」

# JOKES

学生デモが暴動に変わり、突然一人の男が、ぐったりした様子の女子生徒を抱きかかえて、よろめきながら群衆の中から出てきた。

一人の警官が男のところに走り寄ってきてこう言った。

「さあ、放していいぞ、その子は俺が連れ出してやる」

「やだね、」と男。「あんたも自力で探しなよ!」

ナイスバディーの金髪女性がバスに乗ってきた。空いている席が見当たらず、女性は「妊娠しているから席を譲ってくれないかしら」と一人の男性に言った。

男は立ち上がって席を譲ったものの、納得いかず後からこう言った。「とても妊娠しているようには見えませんが」

「その―、」女性は笑みを浮かべてこう言った、「妊娠してまだ一時間半くらいなんだけど、もうほんと、すごく疲れちゃって!」

# 日本各地の主な OSHO 瞑想センター

OSHO に関する情報をさらに知りたい方、実際に瞑想を体験してみたい方は、お近くの OSHO 瞑想センターにお問い合わせ下さい。

参考までに、各地の主な OSHO 瞑想センターを記載しました。なお、活動内容は各センターによって異なりますので、詳しいことは直接お確かめ下さい。

＜東京＞

OSHO サクシン瞑想センター　Tel & Fax 03-5382-4734
マ・ギャン・パトラ　〒 167-0042　東京都杉並区西荻北 1-7-19
e-mail osho@sakshin.com　http://www.sakshin.com

OSHO ジャパン瞑想センター
マ・デヴァ・アヌパ　Tel 03-3701-3139　〒 158-0081 東京都世田谷区深沢 5-15-17
e-mail news@osho-japan.com

＜大阪、兵庫＞

OSHO ナンディゴーシャインフォメーションセンター
スワミ・アナンド・ビルー　Tel & Fax 0669-74-6663
〒 537-0013　大阪府大阪市東成区大今里南 1-2-15 J&K マンション 302

OSHO インスティテュート・フォー・トランスフォーメーション
マ・ジーヴァン・シャンティ、スワミ・サティヤム・アートマラーマ
〒 655-0014　兵庫県神戸市垂水区大町 2-6-B-143
e-mail j-shanti@titan.ocn.ne.jp　Tel & Fax 078-705-2807

OSHO マイトリー瞑想センター　Tel 0798-55-8722
スワミ・デヴァ・ヴィジェイ
〒 662-0016　兵庫県西宮市甲陽園若江町 1-19 親和マンション 101
e-mail vijay1957@me.com　http://mystic.main.jp

OSHO ターラ瞑想センター　Tel 090-1226-2461
マ・アトモ・アティモダ
〒 662-0018　兵庫県西宮市甲陽園山王町 2-46　パインウッド

OSHO インスティテュート・フォー・セイクリッド・ムーヴメンツ・ジャパン
スワミ・アナンド・プラヴァン
〒 662-0018　兵庫県西宮市甲陽園山王町 2-46　パインウッド
Tel & Fax 0798-73-1143　http://homepage3.nifty.com/MRG/

OSHO オーシャニック・インスティテュート Tel 0797-71-7630
スワミ・アナンド・ラーマ 〒 665-0051　兵庫県宝塚市高司 1-8-37-301
e-mail oceanic@pop01.odn.ne.jp

＜愛知＞

OSHO 庵瞑想センター　Tel & Fax 0565-63-2758
スワミ・サット・プレム　〒 444-2326 愛知県豊田市国谷町柳ヶ入２番
e-mail satprem@docomo.ne.jp

OSHO イベントセンター　Tel & Fax 052-702-4128
マ・サンボーディ・ハリマ
〒 465-0058　愛知県名古屋市名東区貴船 2-501-301
e-mail: dancingbuddha@magic.odn.ne.jp

＜その他＞

OSHO チャンパインフォメーションセンター　Tel & Fax 011-614-7398
マ・プレム・ウシャ　〒 064-0951　北海道札幌市中央区宮の森一条 7-1-10-703
e-mail ushausha@lapis.plala.or.jp
http:www11.plala.or.jp/premusha/champa/index.html

OSHO インフォメーションセンター　Tel & Fax 0263-46-1403
マ・プレム・ソナ　〒 390-0317　長野県松本市洞 665-1
e-mail sona@mub.biglobe.ne.jp

OSHO インフォメーションセンター　Tel & Fax 0761-43-1523
スワミ・デヴァ・スッコ　〒 923-0000　石川県小松市佐美町申 227

OSHO インフォメーションセンター広島　Tel 082-842-5829
スワミ・ナロパ、マ・ブーティ　〒 739-1733　広島県広島市安佐北区口田南 9-7-31
e-mail prembhuti@blue.ocn.ne.jp http://now.ohah.net/goldenflower

OSHO フレグランス瞑想センター　Tel 090-8473-5554
スワミ・ディークシャント
〒 857-2306　長崎県西海市大瀬戸町瀬戸東濱郷 1982-5
e-mail: studio.emptysky@gmail.com　http://osho-fragrance.com

OSHO ウツサヴァ・インフォメーションセンター　Tel 0974-62-3814
マ・ニルグーノ 〒 878-0005　大分県竹田市大字挟田 2025
e-mail: light@jp.bigplanet.com　http://homepage1.nifty.com/UTSAVA

＜インド・プネー＞
OSHO インターナショナル・メディテーション・リゾート
Osho International Meditation Resort
17 Koregaon Park Pune 411001 (MS) INDIA
Tel 91-20-4019999　Fax 91-20-4019990
http://www.osho.com
e-mail : oshointernational@oshointernational.com

# 日本語字幕スーパー付 OSHO 講話 DVD

※送料／DVD 1 本 ¥260　2 ～ 3 本 ¥320　4 ～ 5 本 ¥360　6 ～ 10 本 ¥460

## ■ 禅宣言 3―待つ、何もなくただ待つ

禅の真髄をあますところなく説き明かす、OSHO 最後の講話シリーズ。「それこそが禅の真髄だ―待つ、何もなくただ待つ。「神」はないし、「究極の意味」もない。生こそが、存在するすべてだ。禅は､「見出さないこと」の究極の宣言だ―」（瞑想リード付）

●本編 2 枚組 133 分　●￥4,380（税別）
● 1989 年プネーでの講話（瞑想リード付）

## ■ 禅宣言 2 ―沈みゆく幻想の船―

深い知性と大いなる成熟へ向けての禅の真髄を語る、OSHO 最後の講話シリーズ。あらゆる宗教の見せかけの豊かさと虚構をあばき、全ての隷属を捨て去る真の自立を説く。「禅がふさわしいのは成熟して大人になった人々だ。大胆であること、隷属を捨てることだ」（瞑想リード付）

●本編 2 枚組 193 分　●￥4,380（税別）● 1989 年プネーでの講話

## ■ 禅宣言 1―自分自身からの自由―

禅の真髄をあますところなく説き明かす､OSHO 最後の講話シリーズ。古い宗教が崩れ去る中、禅を全く新しい視点で捉え、人類の未来への新しい地平を拓く。「禅はエゴを超え、自己を超えていく。自己の内側深くに入れば突然、自分は意識の大海に消え去る。これこそ自己からの自由だ」（瞑想リード付）

●本編 2 枚組 220 分　●￥4,380（税別）● 1989 年プネーでの講話

## ■ 内なる存在への旅
―ボーディダルマ 2―

禅宗の祖・菩提達磨語録の真髄をあますところなく説き明かす充実のシリーズ 2 本目。「彼はその恐れを知らぬ無法さ、妥協を許さぬ姿勢ゆえに、仏陀以降の最も重要な光明の人になった。彼はいかなる気休めも与えようとせず、ただ真理をありのままに語る」

●本編 84 分　●￥3,800（税別）● 1987 年プネーでの講話

## ■ 孤高の禅師　ボーディダルマ
―求めないことが至福―

中国武帝との邂逅、禅問答のような弟子達とのやりとり――奇妙で興味深い逸話が生きた禅話として展開される。「すべての探求があなたを自分自身から遠ざける。だから " 求めないこと " がボーディダルマの教えの本質のひとつだ」

●本編 2 枚組 134 分
●￥4,380（税別）
● 1987 年プネーでの講話

## ■ 無意識から超意識へ
―精神分析とマインド―

「新しい精神分析を生み出すための唯一の可能性は、超意識を取り込むことだ。超意識的なマインドは、意識的なマインドをその条件付けから解放できる。そうなれば人は大いなる意識のエネルギーを持つ。 OSHO」その緊迫した雰囲気と内容の濃さでも定評のあるウルグアイでの講話。

●本編 91 分　●￥3,800（税別）● 1986 年ウルグアイでの講話

## ■ 過去生とマインド
―意識と無心、光明の真実―

過去生からの条件付けによるマインドの実体とは何か。無心と意識について、そして光明を得ることの真実を、深く掘り下げていく。「マインドの終わりが光明だ。マインドの層を完全に意識して通り抜けた時、初めて自分の意識の中心に行き着く」

●本編 83 分　●￥3,800（税別）● 1986 年ウルグアイでの講話

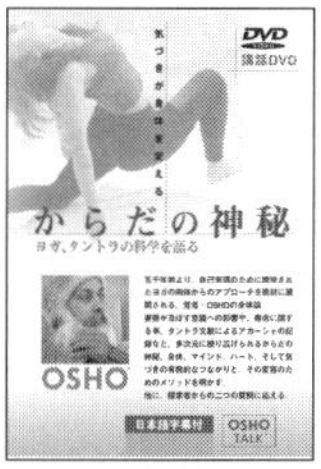


## ■ からだの神秘
―ヨガ、タントラの科学を語る―

ヨガの肉体からのアプローチを題材に展開される覚者 OSHO の身体論。姿勢が及ぼす意識やアカーシャの記録など、多次元に繰り広げられるからだの神秘。身体、マインド、ハート、気づきの有機的なつながりと、その変容のための技法を明かす。

●本編 95 分　●￥3,800（税別）● 1986 年ウルグアイでの講話

## ■ 大いなる目覚めの機会
―ロシアの原発事故を語る

死者二千人を超える災害となったロシアのチェルノブイリ原発の事故を通して、災害は、実は目覚めるための大いなる機会であることを、興味深い様々な逸話とともに語る。大災害は人の目を覚まさせる。それを理解しなければ、気が違うこともあり得るし、理解すれば目覚めも起こり得る。

●本編 87 分　●￥3,800（税別）● 1986 年ウルグアイでの講話

## ■ サンサーラを超えて―菜食と輪廻転生―

あらゆる探求者が求めた至高の境地を、ピュタゴラスの『黄金詩』を通してひもとく。菜食とそれに深く関わる輪廻転生の真実、過去生、進化論、第四の世界などを題材に、光明――生まれながらの本性に目覚めるための､数々の道程が示される。若くエネルギッシュな OSHO の獅子吼。

●本編 103 分　●￥3,800（税別）● 1978 年プネーでの講話

# 日本語字幕スーパー付 OSHO 講話 DVD

※送料／ DVD 1 本 ¥260　2 ～ 3 本 ¥320　4 ～ 5 本 ¥360　6 ～ 10 本 ¥460

## ■ 道元 6—あなたはすでにブッダだ

偉大なる禅師・道元の『正法眼蔵』を題材に、すべての人の内にある仏性に向けて語られる目醒めの一打。『「今」が正しい時だ。昨日でもなく明日でもない。今日だ。まさにこの瞬間、あなたはブッダになることができる。』芭蕉や一茶の俳句など、様々な逸話を取り上げながら説かれる。（瞑想リード付）

●本編 2 枚組 131 分　● ¥ 4,380（税別）● 1988 年プネーでの講話

## ■ 道元 5—水に月のやどるがごとし

日本の禅に多大な影響を与えた禅僧・道元の『正法眼蔵』を、現代人に向けて生き生きと解き明かす。 道元曰く「人が悟りを得るのは、ちょうど水に月が反射するようなものである……」それほどに「悟り」が自然なものならば、なぜあなたは悟っていないのか？　鋭く力強い OSHO の説法は瞑想で締めくくられる。

●本編 98 分　● ¥ 3,800（税別）● 1988 年プネーでの講話

## ■ 道元 4 —師こそが「道」だ—

道元の「正法眼蔵」をベースに、惑星的、宇宙的スケールで展開される、仏道の真髄の体得。「最上至高の知恵を修証するうえにおいて、すぐれた師に出会うことは最も難しい。その師は言葉では表現できない何かを体得した人でなければならない……これが、仏道の真髄の体得だ」

●本編 2 枚組 139 分　● ¥ 4,380（税別）● 1988 年プネーでの講話

## ■ 道元 3—山なき海・存在の巡礼—

道元の『正法眼蔵』曰く「この世にも天上にも、すべての物事にはあらゆる側面がある。しかし人は実際の体験による理解を経てのみ、それを知り体得できる」自己の仏性と究極の悟り、真実のありさまについての道元の言葉を、今に生きる禅として説き明かす。OSHO 自らの実際の瞑想リードで、禅の醍醐味へと誘う。

●本編 2 枚組 123 分　● ¥ 3,980（税別）● 1988 年プネーでの講話

## ■ 道元 2 —輪廻転生・薪と灰—

道元の「正法眼蔵」をベースに、惑星的、宇宙的スケールで展開される、輪廻転生の本質。形態から形態へと移り行く中で、隠された形なき実存をいかに見い出すか——又、アインシュタインの相対性原理、日本の俳句、サンサーラとそれを超えたところのニルヴァーナと話は多彩に広がり、ゆったりと力強い OSHO の説法は、ブッダの境地へと誘う瞑想リードで締めくくられる。

●本編 113 分　● ¥ 3,800（税別）● 1988 年プネーでの講話

## ■ 道元 1—自己をならふといふは自己をわするるなり—

日本の禅に多大な影響を及ぼした禅僧・道元。あまりに有名な道元の「正法眼蔵」を、今に生きる禅として説き明かす。「すべての人間は仏性が備わっている。ならば、なぜ修行が必要なのか」——幼くしてこの深い問いに悩まされた道元への共感、道元の求道へのいきさつに触れつつ、OSHO 自ら実際の瞑想リードを通して、禅の醍醐味へと誘う。

●本編 105 分　● ¥ 3,800（税別）● 1988 年プネーでの講話

## ■ 道元 7

—1 日をブッダとして生きなさい—

偉大なる禅師・道元の『正法眼蔵』を題材に、すべての人の内にある仏性に向けて語られる目醒めの一打。『一瞬といえども二度と再びあなたの手には戻ってこない、過ぎ去ったものは永久に過ぎ去ってしまったのだ』。一茶の俳句など、様々な逸話を取り上げながら説かれる、好評・道元シリーズ第 7 弾！（瞑想リード付）

●本編 117 分
● ¥ 3,800（税別）
● 1988 年プネーでの講話（瞑想リード付）

## ■ 二つの夢の間に

—チベット死者の書・バルドを語る

バルドと死者の書を、覚醒への大いなる手がかりとして取り上げる。死と生の間、二つの夢の間で起こる覚醒の隙間——「鏡が粉々に砕けるように肉体が自分から離れる、思考が剥がれ落ちる、すべての夢の終わり——それがバルドの基本点だ。

●本編 83 分　● ¥ 3,800（税別）● 1986 年ウルグアイでの講話

## ■ 苦悩に向き合えば それは至福となる

「苦悩」という万人が抱える内側の闇に、覚者 OSHO がもたらす「理解」という光のメッセージ。盛り沢山のジョークと逸話で、いつしか聴衆を、苦悩なき光の領域へと誘う。「誰も本気では自分の苦悩を払い落としてしまいたくない」（本編より）

●本編 90 分　● ¥ 3,800（税別）● 1985 年オレゴンでの講話

## ■ 新たなる階梯 —永遠を生きるアート—

これといった問題はないが大きな喜びもない瞑想途上の探求者に OSHO が指し示す新しい次元を生きるアート。変化のない日々が、一瞬一瞬がエクスタシーに満ちる生のアートを、禅の逸話をヒントに語り明かす。「さあ、永遠と生きる新しいアートを学びなさい。変わらないもの、完全にじっとして動かず……時間と空間を超えた何かだ」●本編 86 分　● ¥ 3,800（税別）● 1987 年プネーでの講話

※ DVD、書籍等購入ご希望の方は市民出版社迄お申し込み下さい。
郵便振替口座：市民出版社　00170-4-763105
※ビデオ、オーディオ、CD の総合カタ ログ（無料）ご希望の方は市民出版社迄。

発売 （株）市民出版社 www.shimin.com
TEL. 03-3333-9384
FAX. 03-3334-7289

## ——OSHO 講話集　OSHOダルシャン——

ページをめくるごとにあふれるOSHOの香り……初めてOSHOを知る人にも
読みやすく編集された、豊富な写真も楽しめるカラーページ付の大判講話集。

各A 4変型／カラー付／定価：1456円（税別）〒320円

| | 内　容　紹　介 |
|---|---|
| vol.1 | **ヒンディー語講話集**・偉大な神秘家ラビア　・スーフィ：ハキーム・サナイ　他 |
| vol.2 | **七つの身体と七つのチャクラの神秘**（前半）　・瞑想―音と静寂　他（※絶版） |
| vol.3 | **知られざる神秘家たち**・七つの身体と七つのチャクラの神秘（後半） |
| vol.4 | **死と再誕生への旅**・チベットの死の瞑想「バルド」・ノーマインド瞑想紹介　他 |
| vol.5 | **愛と創造性**・探求：スーフィズム　・ストップの技法　他 |
| vol.6 | **自由**——無限の空間への飛翔　・完全なる自由　・ダルシャン・ダイアリー　他 |
| vol.7 | **禅**——究極のパラドックス　・禅火禅風―ブッダの目覚め　・ダイナミック瞑想　他 |
| vol.8 | **愛と覚醒**　・音楽のピラミッド　・クンダリーニ瞑想　他 |
| vol.9 | **宗教とカルトの違い**　・アムリットが真相を明かす——ヒュー・ミルンの虚偽　他 |
| vol.10 | **究極の哲学**　知恵の真髄「ウパニシャッド」　・夜眠る前に贈る珠玉の言葉集　他 |
| vol.11 | **無**——大いなる歓喜・空なる水、空なる月——千代能　・ヒンディ講話／観照、幻影　他 |
| vol.12 | **レットゴー**——存在の流れのままに　・魂と自己―真の自由（カリール・ジブラン「預言者」より）他 |
| vol.13 | **ブッダフィールド**——天と地の架け橋　・仏陀は偉大な科学者だ（ヒンディ講話）　他 |
| vol.14 | **インナー・チャイルド**——家族・親・子ども・ティーンエイジの革命　他 |
| vol.15 | **瞑想と芸術**・アートとエンライトメント　・色の瞑想・音の瞑想　他 |
| vol.16 | **夢と覚醒**・ユニヴァーサル・ドリーム―永遠なる夢・セラピーと夢　他 |
| vol.17 | **無意識から超意識へ**・虹色の変容―成長の七段階・ブッダたちの心理学　他 |
| vol.18 | **光明と哲学**・ミニ悟りからサマーディへ　・永久の哲学——ピタゴラス　他 |

## 112の瞑想カード
### —インド5000年、シヴァの秘法—

＜内容＞
◆カラー瞑想カード112枚
◆瞑想ガイド（解説書）付き
◆価格￥4,800（税別）送料510円

この瞑想カードは、五千年前にインドに生まれ、禅、スーフィ、神秘主義など、あらゆるスピリチュアリズムの源泉ともなった教典「ヴィギャン・バイラブ・タントラ」を題材にしています。
112の瞑想法を、タロットカードのようにその時々に応じて選ぶ、遊びに満ちた瞑想導入のためのカードです。

## ダンシング禅ルーン
### —ケルトの知恵のカード占い—

古代の神託であるルーンの秘められた知恵に、禅の洞察とひらめきを加えた新しいカード占い。自己の発見と成長へのヒントをルーンが示します。

＜内容＞
●禅ルーンオリジナルカード27枚
＋禅ルーン解説書付き
価格3400円（税別）送料510円

# OSHO 講話録

※書籍目録ご希望の方は市民出版社までご連絡下さい。

## 新装版 夜眠る前に贈る言葉
—魂に語りかける 365 日のメッセージ集

眠る前の最後の思考は、朝目覚める時の最初の思考になる……。特別に夜のために編まれた OSHO の言葉の数々。1 日の終わりに音楽を聴くように言葉をゆっくり味わい、香りを楽しみ、豊富な写真と共にあなたの魂の味覚を喜ばせて下さい。コンパクトサイズでギフトにも最適です。

<内容>●ハートはエデンの園　●闇から光へのジャンプ
●瞑想は火　●意識のコロンブスであれ　他

B6 変判並製　568 頁　2,200 円（税別）　送料 390 円

## 伝記

## OSHO・反逆の軌跡
—異端の神秘家・魂の伝記

■著／ヴァサント・ジョシ

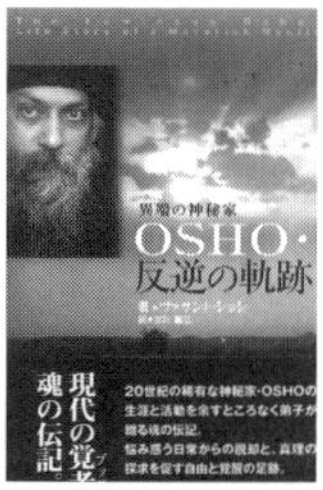


OSHO の生涯と活動を、余すところなく弟子が綴る魂の伝記。悩み惑う日常からの脱却と、自己本来の道への探求を促す自由と覚醒の足跡。誕生から始まる劇的な生涯そのものが、まさに OSHO の教えであることを示す貴重な書。

<内容>●青少年期：冒険の年　●光明　●ワールドツアー
●沈黙の賢人　●あなたに私の夢を託す　他

A5 変判並製　400 頁　2,600 円（税別）　送料 390 円

## 新装版 朝の目覚めに贈る言葉
—魂に語りかける 365 日のメッセージ集

生まれ変わったように、新たな一日一日を生きる……。特別に朝のために編まれた、インドの神秘家・OSHO の言葉。生きることの根源的な意味と、自分を見つめ活力が与えられる、覚者の日々のメッセージ。コンパクトサイズでギフトにも最適です。

<内容>●人生はバラの花壇　●人間は大いなる可能性の種子
●自分自身のドアと窓を開きなさい　他

B6 変判並製　584 頁　2,300 円（税別）　送料 390 円

## 真理の泉
—魂の根底をゆさぶる真理への渇望

人間存在のあらゆる側面に光を当てながら、真理という究極の大海へと立ち向かう、覚者 OSHO の初期講話集。若き OSHO の燃えるような真理への渇望、全身全霊での片時も離れない渇仰が、力強くあなたの魂の根底をゆさぶり、今ここに蘇る。

<内容>●真理と科学　●愛と幸福　●知識と理解
●宗教と教育　●生と死　他

四六判並製　416 頁　2,350 円（税別）　送料 390 円

## 瞑想の道 <ディヤン・スートラ新装版>
—自己探求の段階的ガイド

身体、思考、感情という 3 つの観点から、その浄化法と本質、それを日々の生活の中でいかに調和させるかを、実際的かつ細部にわたって指し示した、瞑想実践の書。究極なる空（くう）へのアプローチを視野に置いた、生の探求者必読の一冊。

<内容>●瞑想の土台　●感情を理解する　●意識の光
●一度に一歩　●生の本質を見出す　他

四六判並製　328 頁　2,200 円（税別）　送料 390 円

## 死ぬこと 生きること
— 死の怖れを超える真実

OSHO 自身の幽体離脱の体験や、過去生への理解と対応、死におけるエネルギーの実際の変化など、「死」の実体に具体的にせまり、死と生の神秘を濃密に次々と解き明かしていく。若き OSHO の力強さ溢れる初期講話録。

<内容>●生を知らずは死なり　●究極の自由
●秘教の科学　●真如の修行　他

四六判並製　448 頁　2,350 円（税別）送料 390 円

## 新瞑想法入門
—OSHOの瞑想法集大成

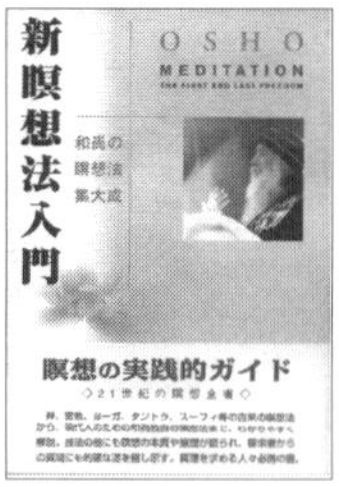


禅、密教、ヨーガ、タントラ、スーフィなどの古来の瞑想法から、現代人のために編み出された和尚独自の方法まで、わかりやすく解説。技法の説明の他にも、瞑想の本質や原理が語られ、探求者からの質問にも的確な道を指し示す。真理を求める人々必携の書。

<内容>●瞑想とは何か　●初心者への提案
●覚醒のための強烈な技法　●師への質問　他

A5 判並製　520 頁　3,280 円（税別）　送料 390 円

## 炎の伝承 I, II
—ウルグアイでの珠玉の質疑応答録

少人数の探求者のもとで親密に語られた、覚者への質疑応答録。1 人の目覚めた人は全世界を目覚めさせることができる。炎の灯された 1 本の ロウソクが、その光を失うことなく数多くのロウソクに火を灯せるように……。

<内容>●純粋な意識は決して狂わない　●本当のバランス
●それが熟した時ハートは開く　他

四六判並製 I：496 頁　2,450 円（税別）送料 390 円
II：496 頁　2,450 円（税別）送料 390 円


発行　(株)市民出版社

〒168-0071 東京都杉並区高井戸西2-12-20
TEL. 03-3333-9384 FAX. 03-3334-7289
郵便振替口座：00170-4-763105
URL : http://www.shimin.com

# OSHO 講話録

※書籍目録ご希望の方は市民出版社までご連絡下さい

## アティーシャの知恵の書（上）（下）
―あふれる愛と慈悲・みじめさから至福へ

みじめさを吸収した途端、それは至福に変容される……「これは慈悲の技法だ。あなたの苦しみを吸収し、あなたの祝福を注ぎなさい。いったんあなたがそれを知るなら、人生には後悔がない。人生は天の恵み、祝福だ」――（本文より）

＜内容＞●世界からの追放　●内的錬金術の大学　他

（上）四六判並製　608 頁　2,480 円（税別）　送料 390 円
（下）四六判並製　450 頁　2,380 円（税別）　送料 390 円

## 愛の道―カビールの講話初邦訳

儀式や偶像に捉われず、ハートで生きた神秘家詩人カビールが、現代の覚者・OSHO と溶け合い、響き合う。機織りの仕事を生涯愛し、存在への深い感謝と明け渡しから自然な生を謳ったカビールの講話、初邦訳。「愛が秘密の鍵だ。愛は神の扉を開ける。笑い、愛し、生き生きとしていなさい――OSHO」

＜内容＞●ハートから旅を始めなさい　●妥協した瞬間、真理は死ぬ　●瞑想は宗教の中の革命だ　他

A5 判並製　360 頁　2,380 円（税別）送料 390 円

## 神秘家の道―覚者が明かす秘教的真理

少人数の探求者のもとで親密に語られた、珠玉の質疑応答録。次々に明かされる秘教的真理、光明の具体的な体験、催眠の意義と過去生への洞察、また、常に真実を追求していた子供時代のエピソードなども合わせ、広大で多岐に渡る内容を、縦横無尽に語り尽くす。

＜内容＞●ハートから旅を始めなさい　●妥協した瞬間、真理は死ぬ　●瞑想は宗教の中の革命だ　他

四六判並製　896 頁　3,580 円（税別）　送料 390 円

## 魂のヨーガ―パタンジャリのヨーガスートラ

「ヨーガとは、内側へ転じることだ。それは百八十度の方向転換だ。未来へも向かわず、過去へも向かわないとき、あなたは自分自身の内側へ向かう。パタンジャリはまるで科学者のように人間の絶対的な心の法則、真実を明らかにする方法論を、段階的に導き出した――OSHO」

＜内容＞●ヨーガの純粋性　●苦悩の原因　●実践と離欲　●内側にいしずえを定める　他

四六判並製 408 頁　2,400 円（税別）送料 390 円

## 探求の詩（うた）
―インドの四大マスターの一人、ゴラクの瞑想の礎

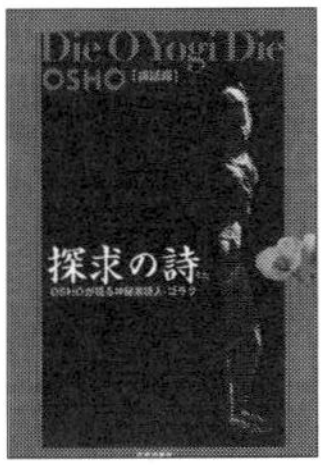


神秘家詩人ゴラクの探求の道。忘れられたダイヤの原石が OSHO によって蘇り、途方もない美と多彩な輝きを放ち始める――。小さく窮屈な生が壊れ、あなたは初めて大海と出会う。ゴラクの語ったすべてが、ゆっくりゆっくりと、途方もない美と多彩な輝きを帯びていく。

＜内容＞●自然に生きなさい　●孤独の放浪者　●欲望を理解しなさい　●愛―炎の試練　他

四六判並製　608 頁　2,500 円（税別）送料 390 円

## こころでからだの声を聴く
―ボディマインドバランシング

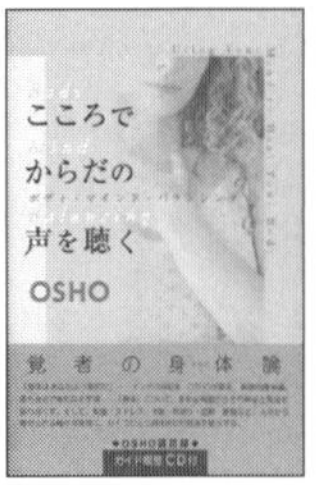


OSHOが語る実際的身体論。最も身近で未知なる宇宙「身体」について、多彩な角度からその神秘と英知を語り尽くす。そして、緊張・ストレス・不眠・肩凝り・加齢・断食など、人々から寄せられる様々な質問に、ひとつひとつ具体的な対処法を呈示する。（ガイド瞑想CD"Talking to your Body and Mind"付）

A5 判変型並製／ 256 頁　2,400 円（税別）送料 390 円

ガイド瞑想CD付

## 永久の哲学 I , II
―ピュタゴラスの黄金詩

偉大なる数学者ピュタゴラスが見出した永久哲学における究極の法を説き明かす。奇跡や物質化現象、菜食と輪廻転生の関係、過去生、進化論、そして癒しの力など、さまざまな精神霊性の領域を渉猟しながら、ピュタゴラス哲学の精髄である「中庸の錬金術」に迫る。

＜内容＞●完全な満足の芳香 ●天に唾するなかれ ●出会うまで神はいない ●現実への逃避　他

四六判並製 I ：408 頁　2,400 円（税別）送料 390 円
II ：456 頁　2,460 円（税別）送料 390 円

## 究極の錬金術 I , II
―ウパニシャッドに関する講話

苦悩し続ける人間存在の核に迫り、意識の覚醒を常に促し導く炎のような若きOSHO。単なる解説ではない時を超えた真実の深みと秘儀が、まさに現前に立ち顕われる壮大な講話録完結編。「自分というものを知らないかぎり、あなたは何のために存在し生きているのかを知ることはできないし、自分の天命が何かも感じられない。―OSHO」

四六判並製 I ：592 頁　2,880 円（税別）送料 390 円
II ：544 頁　2,800 円（税別）送料 390 円

# OSHO 講話録

※書籍目録ご希望の方は市民出版社までご連絡下さい。

## 神秘家

### ラスト・モーニング・スター
#### — 女性の覚者・ダヤに関する講話

過去と未来の幻想を断ち切り、今、この瞬間から生きること——スピリチュアルな旅への愛と勇気、神聖なるものへの気づき、究極なるものとの最終的な融合を語りながら、時を超え、死をも超える「永遠」への扉を開く。＜内容＞ ●神聖なるものを想起する ●全霊を傾けて ●愛は幾生も待機できる 他

四六判並製　568 頁　2,800 円（税別）　送料 390 円

### シャワリング・ウィズアウト・クラウズ
#### — 女性の覚者サハジョに関する講話

光明を得た神秘家サハジョの「愛の詩」に関する講話。女性が光明を得る道、女性と男性のエゴの違いや落とし穴に光を当てる。愛の道と努力の道の違い、献身の道と知識の道の違いなどを深い洞察から語る。
＜内容＞●愛と瞑想の道 ●愛の中を昇る 他

四六判並製　496 頁　2600 円（税別）送料 390 円

### ユニオ・ミスティカ— 神秘の合一

イスラム神秘主義、スーフィズムの真髄を示す宮廷詩人ハキーム・サナイの悟りの書、「真理の花園」を題材に、和尚が語る愛の道。「この本は書かれたものではない。彼方からの、神からの贈り物だ」OSHO

四六判並製　480 頁　2,500 円（税別）　送料 390 円

### エンライトメント— 唯ひとつの変革

十二才の覚者アシュタヴァクラと、帝王ジャナクとの対話。「光明は生まれながらの本性だ。自分のハートにアシュタヴァクラの声明を矢のように貫かせたら、それはあなたを目覚めさせ、思い出させる。——OSHO」

A5 判並製　504 頁　2800 円（税別）送料 390 円

## タントラ

### サラハの歌— タントラ・ヴィジョン 1 新装版

タントラの祖師サラハを語る。聡明な若者サラハは仏教修行僧となった後、世俗の女性覚者に導かれ光明を得た。サラハが国王のために唄った 40 の詩を題材に語る タントラの 真髄。

四六判並製　480 頁　2500 円（税別）　送料 390 円

### タントラの変容—愛の成長と瞑想の道

タントラの祖師サラハの経文による瞑想と愛の道。恋人や夫婦の問題等、探求者からの質問の核を掘り下げ、個々人の内的成長の鍵を明確に語る。「愛はエネルギーだ……それは瞑想、祈りとなった。それこそタントラのアプローチだ」

四六判並製　480 頁　2,500 円（税別）　送料 390 円

## 探　求

### 奇跡の探求 I，II— チャクラの神秘

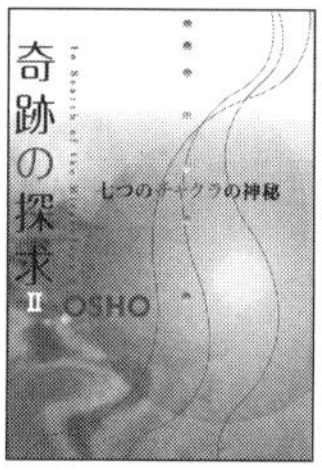


若き OSHO がリードする瞑想キャンプ中での、エネルギッシュで臨場感溢れる講話録。特に II はチャクラやシャクティパット、サマーディ等の秘教的領域を科学者のように明快に説き明かしていく驚異の書。
＜内容＞ ●和尚がリードするダイナミック瞑想
●クンダリーニ・超越の法則
● タントラの秘法的側面　他

四六判上製 I：488 頁　2,800 円（税別）送料 390 円
四六判並製 II：488 頁　2,450 円（税別）送料 390 円

### グレート・チャレンジ— 超越への対話

人生の意味は？　奇跡や物質化現象とは？　知られざるイエスの生涯、変容の技法、輪廻について等、多岐に渡る覚者から探求者への、興味深い内面へのメッセージ。和尚自身が前世の死と再誕生について語る。未知なるものへの探求を喚起する珠玉の一冊。
＜内容＞●一人だけの孤高の飛翔 ●ヨガ・自発的出来事
●イエスの知られざる生涯　他

四六判上製　382 頁　2600 円（税別）送料 390 円

### 隠された神秘— 秘宝の在処

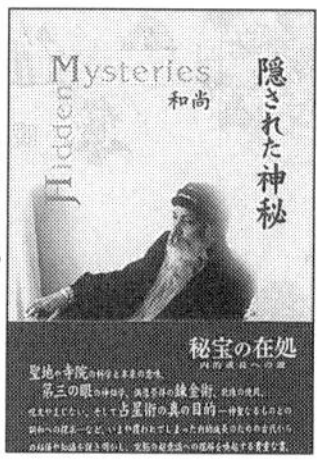


寺院や巡礼の聖地の科学や本来の意味、そして占星術の真の目的——神聖なるものとの調和への探求——など、いまや覆われてしまった古代からの秘儀や知識を説き明かし、究極の超意識への理解を喚起する貴重な書。
＜内容＞●第三の眼の神秘学 ●巡礼地の錬金術
●偶像の変容力 ●巡礼地の錬金術
● 占星術：一なる宇宙の科学　他

四六判上製　304 頁　2600 円（税別）送料 390 円

### インナージャーニー
#### — 内なる旅・自己探求のガイド

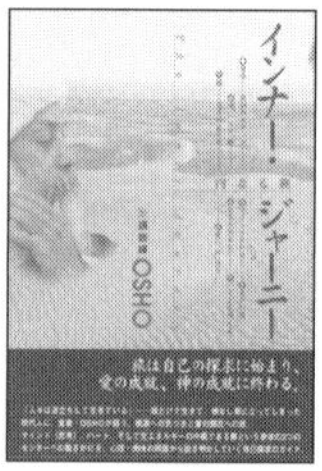


マインド（思考）、ハート、そして生エネルギーの中枢である臍という身体の三つのセンターへの働きかけを、心理・肉体の両面から説き明かしていく自己探求のガイド。頭だけで生きて根なし草になってしまった現代人に誘う、根源への気づきと愛の開花への旅。
＜内容＞●身体——最初のステップ ●ハートを調える
●信も不信もなく ●真の知識 他

四六判並製　304 頁　2200 円（税別）送料 390 円

# OSHO 講話録

※書籍目録ご希望の方は市民出版社までご連絡下さい。

## インド

### 私の愛するインド― 輝ける黄金の断章

「インドとは、真実に到達しようとする切望、渇きだ……」。光明を得た神秘家たち、音楽のマスターたち、バガヴァット・ギータのような類稀な詩などの宝庫インド。真の人間性を探求する人々に、永遠への扉であるインドの魅惑に満ちたヴィジョンを多面的に語る。

＜内容＞●永遠なる夢　●覚醒の炎　●東洋の香り
●沈黙の詩―石の経文　他

Ａ４判変型上製　264 頁　2800 円（税別）送料 390 円

## ユダヤ

### 死のアート― ユダヤ神秘主義の講話

生を理解した者は、死を受け入れ、歓迎する。その人は一瞬一瞬に死んで、一瞬一瞬に蘇る―死と生の神秘を解き明かしながら、今ここにしかない生をいかに強烈に、トータルに生ききるかを余すところなく語る。

＜内容＞●超越するものと一体になる
●残るのは知るものだけ　●生の在り方　他

四六判並製　416 頁　2400 円（税別）送料 390 円

## 書簡

### 知恵の種子― ヒンディ語初期書簡集

和尚が親密な筆調で綴る 120 通の手紙。列車での旅行中の様子や四季折々の風景、日々の小さな出来事から自己覚醒、愛、至福へと導いていく、講話とはひと味違った感覚で編まれた綴織。降り注ぐ花々のような言葉が、あなたをやすらぎと目覚めへといざなう。

＜内容＞●不死なる光を探しなさい　●正しく感じる
●知は自らを愛することから　他

Ａ５判変型上製　288 頁　2300 円（税別）送料 390 円

## 禅

### 禅宣言― OSHO 最後の講話シリーズ

「自分がブッダであることを覚えておくように――サマサティ」この言葉を最後に、和尚はすべての講話の幕を降ろした。古い宗教が崩れ去る中、禅を全く新しい視点で捉え、人類の未来に向けた新しい地平を拓く。永遠に新鮮な真理である禅の真髄を、現代に蘇らすための宣言。

＜内容＞●無―大海への消滅　●西欧人と禅
●サマサティ―最期の言葉　他

四六判上製　496 頁　2880 円（税別）送料 390 円

### 無水無月― ノーウォーター・ノームーン

禅に関する 10 の講話集。光明を得た尼僧千代能、白隠、一休などのなじみやいテーマのもとに語られる、和尚ならではの卓越した禅への理解とユニークな釈。時折振り下ろされる和尚の禅スティックが、目覚めへの一撃となるかもしれません。

四六判上製　448 頁　2650 円（税別）送料 390

### そして花々が降りそそぐ― 空の極み

生を愛しみ、生を肯定し、ごく普通の生活を楽しむ禅の導師たち。彼らの教えき教え、語られ得ぬ永遠の真実を、日常的なテーマを通してわかりやすく指しす、11 の逸話を語る講話集。

四六判並製　456 頁　2500 円（税別）送料 390

### 和尚との至高の瞬間　■著／マ・プレム・マニーシャ

OSHO の講話での質問者としても著名なマニーシャの書き下ろし邦訳版。常に OSHO と共に過ごした興味深い日々を真摯に綴る。

四六判並製　256 頁　1900 円　送料 320 円

### 覚醒の舞踏　■著／郷　尚文

ロシアの神秘家・グルジェフの創り上げた自己覚醒のための舞踏を、豊富な図版と共にわかりやすく解説。門外不出の貴重な書。

四六判並製　352 頁　2300 円（税別）送料 390 円

# 数秘＆タロット

### わたしを自由にする数秘

本当の自分に還るパーソナルガイド

著／マンガラ・ビルソン

［誕生日ですぐわかる目覚めを促す数の世界］
＜内なる子どもとつながる新しい数秘＞

誕生日で知る幼年期のトラウマからの解放と自由。同じ行動パターンを繰り返す理由に気づき、あなた自身を解放する数の真実。無意識のパターンを理解し、その制約からあなたを自由にするガイドブック。（個人周期のチャート付）

＜内容＞●条件付けの数―成長の鍵
●条件付けと個人周期数―ヒーリングの旅　他

A5 判並製 384 頁　2,600 円（税別）送料 390 円

### 直感のタロット―意識のためのツール

人間関係に光をもたらす実践ガイド

著／マンガラ・ビルソン

［アレイスター・クロウリー トートタロット使用］
＜あなたの直感が人生の新しい次元をひらく＞

意識と気づきを高め、自分の直感を通してカードを学べる完全ガイド本。初心者にも、正確で洞察に満ちたタロット・リーディングができます。カードの意味が短く要約されたキーワードを読めば、容易に各カードの象徴が理解できるでしょう。

＜内容＞●タロットで直感をトレーニング
●「関係性」を読む　●「チャクラのエネルギー」を読む　他

※タロットカードは別売です

A5 判並製 368 頁　2,600 円（税別）送料 390 円

# ヒーリング，リラクゼーション音楽 CD

※送料／ CD 1 枚 ¥260　2 枚 ¥320　3 枚以上無料　　■価格は全て税別です。

## バンブー・フォーレスト
全 11 曲　60 分 17 秒

◆デューター

¥2,622（税別）

琴、尺八など邦楽器を自在に繰りながら描く竹林に鳴る静寂の世界。言葉を超えた領域に深く分け入り、究極の癒しと瞑想の世界を運んでくる。

「尺八は、静寂を生み出すユニークで強力なツールだ—デューター」

## クリスタル・チャクラ・ヒーリング
全 6 曲　61 分 03 秒

◆ワドゥダ／プラサナ＆ザ・ミステリー

¥2,622（税別）

虹色に鳴り渡るクリスタルボウル独特の穏やかな響きが、七つのチャクラの目覚めと活性化を促す、ヒーリングパワー・サウンド。まさにいま目の前で鳴っているようなライブ感が印象的。クリスタル・ボウルは、欧米では医療にも使われています。

## サットヴァ
全 2 曲　63 分 03 秒

◆デューター

¥2,622（税別）

本来の自分自身への回帰。存在の光の渦が心地よいスリルとリズムにのって際限なく展開される恍惚の波。シンセサイザーをベースにした壮大なる光と解放の音楽。来るところまで来た感のあるデューターサウンド、深い味わいの一枚。

## アートマ・バクティー魂の祈り
全 3 曲　66 分 47 秒

◆マニッシュ・ヴィヤス

¥2,622（税別）

魂の中核に向かって、インドの時間を超えた調べが波のように寄せては返す。空間を自在に鳴り渡るインドの竹笛・バンスリの響きと、寄り添うように歌われるマントラの祈り。催眠的で、エクスタティックな音の香りが漂う。

## マッサージのための音楽
全 6 曲　69 分

◆デューター・カマール・パリジャット・チンマヤ

¥2,622（税別）

マッサージはもちろん、レイキや各種ボディワーク、ヒーリングなど、どのワークにも使える、くつろぎのための音楽。ヒーリング音楽で活躍するアーティストたちの名曲が奏でる究極のリラックスサウンドが、深い癒しをお届けします。

## チベット遥かなり
全 6 曲　55 分 51 秒

◆ギュートー僧院の詠唱（チャント）

¥2,622（税別）

パワフルでスピリチュアルな、チベット僧たちによるチャンティング。真言の持つエネルギーと、僧たちの厳粛で深みのある音声は、音の領域を超えて、魂の奥深くを揺さぶる。チベット密教の迫力と真髄を感じさせる貴重な 1 枚。

## ガイアズ・ガーデン
全 10 曲　59 分 33 秒

◆チンマヤ

¥2,622（税別）

ギリシア神話の大地母神・ガイアにインスパイヤーされて生まれた、惑星・地球への愛の物語。熱帯、大洋、雨風、サバンナ、緑の森、太陽の恵み……豊かなガイアのイメージが、きらめくような音となって流れてゆく、立体的な音のマンダラ――。

## ブッダ・ガーデン
全 10 曲　64 分 12 秒

◆パリジャット

¥2,622（税別）

パリジャットの意味は<夜香るジャスミンの花>――彼の生み出す音楽は、優しく香り、リスナーを春のような暖かさで包み込みます。秀曲ぞろいのこのアルバムの、高まるメロディーとくつろぎの谷間が、比類なき安らぎのスペースへ導きます。

## ハートの光彩
全 8 曲　61 分

◆デューター

¥2,622（税別）

デューターが久々に贈るハートワールド。繊細で、不動なる信頼のような質をもったくつろぎが、ゆっくりと心を満たしていく。
使われる楽器と共に 曲ごとにシーンががらりと変わり、様々な世界が映し出される。

## エンプティ・スカイ
全 8 曲　58 分 49 秒

◆デューター

¥2,622（税別）

静かなるこの音楽を聴いていると、心の中にゆっくりと、名付けようのないスペースが広がっていきます。

いにしえより、虚空と呼ばれたり、無と言われたりするスペース――理由なき幸福はここから生まれます。

## オファリング 音楽の捧げもの
全 9 曲　61 分 16 秒

◆パリジャット

¥2,622（税別）

くつろぎのプールに向かってゆっくりと降りてゆく音のら旋階段。ハートフルで豊かな音色は回転木馬のように夢見るように奏でられる。ハートからハートへソフトな日差しのような優しさで贈る究極の癒し。

## ジプシー・ハート
全 9 曲　60 分 06 秒

◆アシーク

¥2,622（税別）

ロシアのヴァイオリン奏者・アシークの、美しく風に舞うようなリズムカルな世界。ジプシーとは自由の代名詞。かつての名曲の数々が、より熟成した表情をもって、さわやかにハートの中心部へと送り込まれる。

## 壱万人の仏陀
／テン　サウザンド　ブッダ

全 11 曲　58 分 19 秒

¥2,913（税別）

壱万人のハートがひとつに溶けて、妙なるハーモニーが生まれる。シタール、タブラ、ベル、竹笛などの壮麗なしらべが、意識の深淵に響きわたる。静寂と至福が訪れるエクスタティックな瞑想音楽。

## 最愛の庭
／ガーデン　オブ　ザ　ビラブド

全 14 曲　59 分 01 秒

¥2,913（税別）

言葉を超えて、愛をもって捧げられた、リラクゼーションと瞑想のための音楽。一つひとつの楽曲が、ハートの庭にピュアな音の花を咲かせていく。内なる美を音にした、錬金術的な神秘を感じさせる名盤。

## カルマ・サークル
全 8 曲　44 分 03 秒

◆チンマヤ＆ケルティック・ラーガズ

¥2,622（税別）

軽快なリズム、色彩豊かなメロディ――ケルト、インドのモチーフ、そして古代の風景が、21 世紀の音の中に蘇る。サロード、タブラ、バンスリーが、エレクトロニック、ベース、ドラムと有機的に溶け合い、国籍のないニュー・ワールドへと誘う。

# ヒーリング，リラクゼーション音楽CD

※送料／ CD 1 枚 ¥260　2 枚 ¥320　3 枚以上無料

■価格は全て ¥2,622（税別）です。

## プラネットヒーリング

全3曲 60分

◆デューター

鳥の鳴き声、流れる水音、木々の間を通りすぎる風の音などの自然の音楽をデューターが録音、アレンジ。始まりも終わりもない自然の奏でる演奏に耳を傾けると、深い森の中にいる心地よさが訪れます。

## 曼荼羅

全8曲 55分55秒

◆テリー・オールドフィールド

チャント（詠唱）という、陶酔的な表現で、声による美しいマンダラの世界を構築したスピリチュアル・マントラソング。テリーのフルートが陰に陽に寄り添いながら、ら旋状の恍惚とした詠唱の円の中で、内なる平和がハートへと届けられる。

## ケルトの薔薇

全12曲 69分17秒

◆リサ・レイニー

ケルトハープの名手・リサ・レイニーが、竹笛のタルトレッリを迎えて描き出す癒しのフレグランス。すべてがまだ初々しい光に包まれた朝や夜の静寂のひとときにふさわしい調べ。おだやかさが手にとるように感じられる音楽。

## レイキ・ヒーリング　ウェイブ

全10曲 64分38秒

◆パリジャット

聖らかで宝石のような音の数々、ピアノ、ギター、キーボードなどが実に自然に調和。繊細な意識レベルまで癒され、レイキワークはもちろん、ヒーリングサウンドとしても最良質なアルバム。

## レイキ・ハーモニー

全5曲 60分07秒

◆テリー・オールドフィールド

ゆるやかな旋律を奏でる竹笛の風に乗って宇宙エネルギーの海に船を出す。時間から解き放たれた旋律が、ボディと感情のバランスを呼び戻す。レイキや各種ボディワーク、またはメディテーションにも最適な一枚。

## ホエール・メディテーション

全7曲 58分07秒

◆カマール

ホエールソング3部作の最終章。大海原を漂うような境界のないシーサウンドワールド。波間にきらめく光の粒子のように、クジラの声、シタール、バンスリーなどが現れては消えていき、ただ海の静けさへ。

## レイキ　ウェルネス

全7曲 68分33秒

◆デューター、アヌガマ、カマール

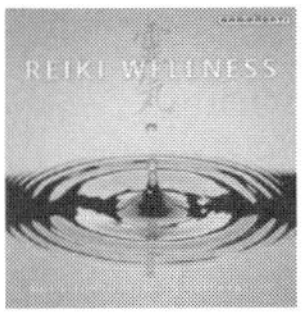


限りないやさしさの海に身をしずめ、宇宙エネルギーの波にゆらぎながら、旅立つ新たなる誕生への航海。肉体・心・魂の緊張を溶かし、細胞のひとつひとつをゆっくりと癒していくレイキコレクション・ベストアルバム。

## レイキ・ホエールソング

全7曲 65分9秒

◆カマール

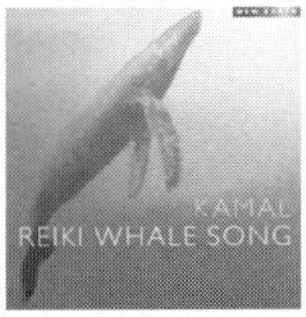


深海のロマン、クジラの鳴き声とフルート、シンセサイザーなどのネイチャーソング。心に残る深海の巨鯨たちの鳴き声が、レイキのヒーリングエネルギーをサポートするアンビエントミュージック。

## レイキ・ハンズ オブ ライト

全6曲 61分20秒

◆デューター

肉体、マインド、魂の自己浄化を促し、直観や自分自身のハイアーセルフに働きかけ、深い内面の世界に導く浮遊感覚サウンド。宇宙エネルギーに満ちた音の波にゆらぎながら、生まれたままの「自然」にゆっくりと還る。

## レイキ・ヒーリング　ハンド

全5曲 50分7秒

◆アヌヴィダ&ニック・ティンダル

心に浸みわたるやわらかいキボエハープの響きと波の音、チベッタンベルが織りなすやすらぎの世界。ハートチャクラの活性化をもたらすヒーリングサウンドの超人気盤。音のゆりかごに揺られ、無垢なる魂へと帰る。

## レイキ・ヒーリング・サイレンス

全 8 曲 63 分 52 秒

◆デューター

微細なスペースに分け入る音の微粒子――ピアノ、シンセサイザーに、琴や尺八といった和楽器も取り入れて、デューターの静謐なる癒しの世界は、より深みを加えて登場。透きとおった、えも言われぬ沈黙の世界を築きあげる。

## アトモスフィア

全10曲 64分38秒

◆デューター

鳥のさえずりや波などのやさしい自然音との対話の中から生まれたメロディを、多彩な楽器で表現した、ささやくようなデューターワールド。オルゴールのようなピアノの調べ、童心にたち返るような懐かしい響き――。

## ヨガハーモニー

全8曲 59分56秒

◆テリー・オールドフィールド

中空を渡る笛の音、虚空に響くタンブーラの音色。ヴィーナ、シタール、チベッタンボウルなど、ミスティックな東洋のサウンド・ウェーブ。ヨガのみならず、マッサージ、リラクゼーション、各瞑想法にと、幅広く使えるアルバム。

## ヨーガ

全7曲 58分57秒

◆チンマヤ

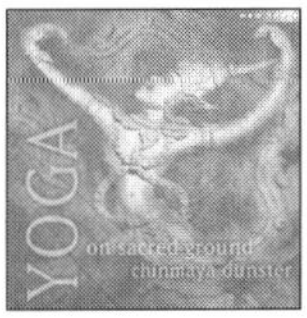


七つのチャクラに働くエキゾチズム溢れる七つの楽曲。エクササイズとしてはもちろん、各チャクラのエネルギー活性化も促す。バグパイプ、タブラ、ヴァイオリン等々、東西の楽器を自在に操りながら繰り広げるヨーガの世界。

## 高 野 山

全8曲 63分08秒

◆デューター

琴と尺八、ピアノとシンセサイザーなど、東西の楽器が織りなす静寂のタペストリー。内なる山中に深く分け入り、その奥の院へと歩みは進み、やがて決して名付けられることのない空なる領域へと至る、レイキサウンドの高峰。

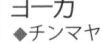

# ヒーリング，リラクゼーション音楽CD

## マントラ

◆ナマステ

全7曲
61分02秒

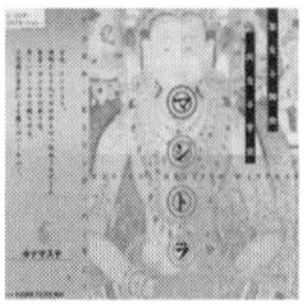

¥2,622（税別）

その音で不思議な力を発揮する古代インドよりの聖音マントラの数々を、美しいコーラスで蘇らせる癒しのハーモニー。何千年もの間、自然現象を変容させると伝わるマントラを、聴く音楽として再生したミスティックなアルバム。

## ブッダ・ムーン

◆チンマヤ

全4曲
58分50秒

¥2,622（税別）

東西の音楽を、瞑想的な高みで融合する音楽家チンマヤが、古典的色彩で描く、ラーガの酔宴。人の世の、はかなき生の有り様を、ただ静けさの内に見守るブッダの視座と同じく、ただ淡々と、エキゾチズムたっぷりに奏でます。

## チベットの華

◆デューター

全7曲
78分35秒

¥2,622（税別）

水や虫の声などの自然音とシンギングボウルやベルが織り成す調和と平和の倍音ヴァイブレーション。チベッタン・ヒーリング・サウンドの決定盤。メロディーやストーリーのない音は、時間の感覚を失うスペースを作り出す。

# 瞑想CD

■価格は全て税別です。

## ダイナミック瞑想

◆デューター

全5ステージ
60分

¥2,913（税別）

生命エネルギーの浄化をもたらす和尚の瞑想法の中で最も代表的な技法。混沌とした呼吸、カタルシス、そしてフゥッ！というスーフィーの真言（マントラ）を自分の中にとどこおっているエネルギーが全く残ることのないところまで行なう。

## クンダリーニ瞑想

◆デューター

全4ステージ
60分

¥2,913（税別）

未知なるエネルギーの上昇と内なる静寂、目醒めのメソッド。和尚によって考案された瞑想の中でも、ダイナミックと並んで多くの人が取り組んでいる活動的瞑想法。通常は夕方、日没時に行なわれる。

## ナーダブラーマ瞑想

◆デューター

全3ステージ
60分

¥2,913（税別）

宇宙と調和して脈打つ、ヒーリング効果の高いハミングメディテーション。脳を活性化し、あらゆる神経繊維をきれいにし、癒しの効果をもたらすチベットの古い瞑想法の一つ。

## ナタラジ瞑想

◆デューター

全3ステージ
65分

¥2,913（税別）

自我としての「あなた」が踊りのなかに溶け去るトータルなダンスの瞑想。第1ステージは目を閉じ、40分間とりつかれたように踊る。第2ステージは目を閉じたまま横たわり動かずにいる。最後の5分間、踊り楽しむ。

## チャクラ サウンド瞑想

◆カルネッシュ

全2ステージ
60分

¥2,913（税別）

7つのチャクラに目覚め、内なる静寂をもたらすサウンドのメソッド。各々のチャクラで音を感じ、チャクラのまさに中心でその音が振動するように声を出すことにより、チャクラにより敏感になっていく。

## チャクラ ブリージング瞑想

◆カマール

全2ステージ
60分

¥2,913（税別）

7つのチャクラを活性化させる強力なブリージングメソッド。7つのチャクラに意識的になるためのテクニック。身体全体を使い、1つ1つのチャクラに深く速い呼吸をしていく。

## ノーディメンション瞑想

◆シルス&シャストロ

全3ステージ
60分

¥2,913（税別）

グルジェフとスーフィのムーヴメントを発展させたセンタリングのメソッド。旋回瞑想（ワーリング）の準備となるだけでなく、中心を定めるための踊りでもある。3つのステージからなり、一連の動作と旋回、沈黙へと続く。

## ナーダ　ヒマラヤ

◆デューター

全3曲
50分28秒

¥2,622（税別）

ヒマラヤに流れる白い雲のように優しく深い響きが聴く人を内側からヒーリングする。チベッタンベル、ボウル、チャイム、山の小川の自然音。音が自分の中に響くのを感じながら、音と一緒にソフトにハミング。

## マンダラ瞑想

◆デューター

全４ステージ
60分

¥2,913（税別）

強力な発散浄化法のひとつで、エネルギーの環を創り出し中心への定まりをもたらす。各15分の4ステージ。目を開けたままその場で駆け足。次に回転を伴う動きを上半身、眼球の順に行ない、最後は静かに静止する。

※ＣＤ等購入ご希望の方は市民出版社までお申し込み下さい。

郵便振替口座：
市民出版社 00170-4-763105
※送料／CD１枚¥260　2枚¥320
３枚以上無料

## グリシャンカール瞑想

◆デューター

全4ステージ
60分

¥2,913（税別）

呼吸を使って第三の目に働きかける、各15分４ステージの瞑想法。第一ステージで正しい呼吸が行われることで、血液の中に増加形成される二酸化炭素がまるでエベレスト山の山頂にいるかのごとく感じられる。

## ワーリング瞑想

◆デューター

全2ステージ
60分

¥2,913（税別）

内なる存在が中心で全身が動く車輪になったかのように旋回し、徐々に速度を上げていく。体が自ずと倒れたらうつ伏せになり、大地に溶け込むのを感じる。旋回を通して内なる中心を見出し変容をもたらす瞑想法。

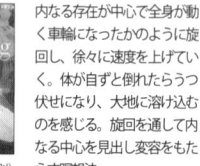

## OSHO TIMES 日本語版 バックナンバー

※尚、Osho Times バックナンバーの詳細は、www.shimin.com でご覧になれます。
(バックナンバー常備書店：東京神田書泉グランデ、埼玉ブックデポ書楽) ●1冊／¥1,280（税別）／送料 ¥260

| | 内容紹介 | | |
|---|---|---|---|
| vol.2 | 独り在ること | vol.3 | 恐れとは何か |
| vol.4 | 幸せでないのは何故？ | vol.5 | 成功の秘訣 |
| vol.6 | 真の自由 | vol.7 | エゴを見つめる |
| vol.8 | 創造的な生 | vol.9 | 健康と幸福 |
| vol.10 | 混乱から新たなドアが開く | vol.11 | 時間から永遠へ |
| vol.12 | 日々を禅に暮らす | vol.13 | 真の豊かさ |
| vol.14 | バランスを取る | vol.15 | 優雅に生きる |
| vol.16 | ハートを信頼する | vol.17 | 自分自身を祝う |
| vol.18 | 癒しとは何か | vol.19 | くつろぎのアート |
| vol.20 | 創造性とは何か | vol.21 | 自由に生きていますか |
| vol.22 | 葛藤を超える | vol.23 | 真のヨーガ |
| vol.24 | 誕生、死、再生 | vol.25 | 瞑想—存在への歓喜 |
| vol.26 | 受容—あるがままの世界 | vol.27 | 覚者のサイコロジー |
| vol.28 | 恐れの根源 | vol.29 | 信頼の美 |
| vol.30 | 変化が訪れる時 | vol.31 | あなた自身の主人で在りなさい |
| vol.32 | 祝祭—エネルギーの変容 | vol.33 | 眠れない夜には |
| vol.34 | 感受性を高める | vol.35 | すべては瞑想 |
| vol.36 | 最大の勇気 | vol.37 | 感　謝 |
| vol.38 | 観照こそが瞑想だ | vol.39 | 内なる静けさ |
| vol.40 | 自分自身を超える | vol.41 | 危機に目覚める |
| vol.42 | ストップ！気づきを高める技法 ●すべてを危険にさらす ●涙について 他 | | |
| vol.43 | 罪悪感の根を断つ ●自分を変えるには ●菜食主義は瞑想から生まれる 他 | | |
| vol.44 | 自分自身を愛すること ●自分自身を敬う ●あなた自身を愛し他人を愛する 他 | | |
| vol.45 | 愛する生の創造 ●どこにでも祝福を見る者 ●すべてはあなた次第 他 | | |
| vol.46 | ボディラブ ●からだと仲良くなる ●あなたのからだはギフトだ ●食べる瞑想 他 | | |
| vol.47 | 新しい始まりのとき ●真正な生 ●至福を作り出す ●新しい人間と新しい世界 他 | | |
| vol.48 | 死—最大の虚構 ●死を直視する ●死：偉大なる幻想 ●解けないパズル 他 | | |
| vol.49 | 内なる平和—暴力のルーツとは ●愛のある反逆 ●恐怖に直面する 他 | | |
| vol.50 | 生は音楽だ ●内なる音楽 ●全力でやりなさい ●生き生きと、創造的に 他 | | |
| vol.51 | 情熱への扉 ●喜びに飛び込みなさい ●愛を知る ●瞑想として働くこと 他 | | |
| vol.52 | 本物であること ●いかに真実でいるか ●あなたは本物として生まれた 他 | | |
| vol.53 | 過去から自由になる ●生にイエスと言う ●再び恋に落ちる 他 | | |

●1冊／1,280円（税別）／送料 260円
■郵便振替口座：00170-4-763105
■口座名／（株）市民出版社 TEL／03-3333-9384

・代金引換郵便（要手数料300円）の場合、商品到着時に支払。
・郵便振替、現金書留の場合、下記まで代金を前もって送金して下さい。

発売／㈱市民出版社
www.shimin.com
TEL.03-3333-9384
FAX.03-3334-7289

■ OSHO タイムズ vol.54
2018 年 12 月 19 日発行　価格 1,280 円（税別）

■翻　訳：プーナム、三好、ムムクシャ、デヴァヤナ、
カリーム、グンジャ　他
■編　集：OSHO サクシン瞑想センター
■デザイン：タブダール、アティルパ
■協　力：ラーマプレム(写真)、OSHO を愛するたくさんの人々
■発行人：マ・ギャン・パトラ
■発　行：(株) 市民出版社
〒 168-0071 東京都杉並区高井戸西 2-12-20
TEL 03-3333-9384 FAX 03-3334-7289
■印刷所：株式会社シナノ